麦肯锡
极简工作法

McKinsey
&
Company

刘易斯◎编著

天津出版传媒集团
天津科学技术出版社

图书在版编目（CIP）数据

麦肯锡极简工作法 / 刘易斯编著. — 天津：天津科学技术出版社，2017.5（2025.2重印）

ISBN 978-7-5576-2507-8

Ⅰ. ①麦… Ⅱ. ①刘… Ⅲ. ①企业管理 Ⅳ. ①F272

中国版本图书馆CIP数据核字(2017)第067882号

麦肯锡极简工作法

MAIKENXI JIJIAN GONGZUOFA

责任编辑：方　艳

出　　版：天津出版传媒集团 / 天津科学技术出版社

地　　址：天津市西康路35号

邮　　编：300051

电　　话：（022）23332695

网　　址：www.tjkjcbs.com.cn

发　　行：新华书店经销

印　　刷：衡水翔利印刷有限公司

开本880 × 1230　1/32　印张8　字数78 000

2025年2月第1版第6次印刷

定价：38.00元

前言 Preface

就像世界上有了锁，就必然会有钥匙一样，问题与解决问题的方法也是共同存在的。我们的工作，就是通过使用各种相同或不同的方法，达到解决各种问题的目的。而如何找到最适合、最高效的工作方法，提升自己的工作能力，对所有人来说都是非常重要的。

这是因为，只有在正确方法的指引下，我们才能花费更少的时间、占用最少的资源，并最终高效地完成我们的工作目标。

如果想要成为一位高效员工，并且能够富有成效地解决各种复杂问题，我们就必须掌握一些正确的工作方法。

麦肯锡公司自1923年成立以来，始终都在不断地探索、总结自己的工作方法。经过近百年的积累，麦肯锡丰富了每个时代不同企业发展的工作经验，并逐渐形成了独特的解决问题的“麦肯锡极简工作法”。

通常来说，麦肯锡的工作就是要解决世界上各行各业“无人知晓的解决方法”的问题。虽然麦肯锡的极简工作法最初是应用在商业领域的，但对我们日常的生活和工作也同样具有一种意想不到的神奇力量。

这是因为，麦肯锡极简工作法不但涉及很多领域不同工作的不同方面可能会面临的各种问题，而且对这些问题都进行了深入研究，并且提出了很多高效的解决方法。

同时，麦肯锡极简工作法来源于麦肯锡多年工作积累所产生的丰富经验，其本质是一种效能法则。也就是说，麦肯锡极简工作法主张要以最简单的方式、最少的时间和最少的资源，解决工作中遇到的各种复杂问题。

当刚刚接触这些方法时，很多人可能并不会感觉有什么特别之处。但如果在生活或工作中遇到问题，我们使用了这些方法就能很容易找到解决问题的思路和方案。因此，麦肯锡极简工作法会对我们的工作产生十分重要的影响。同时，学习麦肯锡极简工作法，也就意味着能够节省时间和精力，高效地完成工作。

在麦肯锡公司，还诞生了很多像汤姆·彼得斯、大前研一以及卡岑巴赫等管理学大师，他们都在麦肯锡形成了各自清晰的逻辑思维和敏锐的洞察力；同时，一些商界的传奇人物，比如IBM的路易斯·郭士纳和美国运通的哈维·格鲁布等，也都把麦肯锡极简工作法成功地应用到了世界顶级公司的管理运营中。因此，麦肯锡对于管理学界的意义，就好像是卡地亚对于珠宝界的意义一样。

编写本书的目的，是把一些在我们工作中普遍适用的、高效卓越的工作方法及技巧，跟那些想要更有成效地工作的人进行沟通。也就是说，采用麦肯锡极简工作法进行工作的朋友们，都能在当前竞争激烈的社会中找到生存和发展的秘诀。

此外，本书不仅能为跟咨询顾问交往的管理人员，提供一些力所能及的帮助，而且能够为大家提供一些麦肯锡公司的咨询顾问们分析、思考问题以及运用极简工作法高效解决各种复杂问题的方法。

最后，希望大家通过阅读本书能够使自己的生活与工作有一个崭新的开始。

目录 Contents

第一章 如何快速而正确地分析问题

分析指的是针对分析对象的状态与现象，进行追根究底式的归类。换句话说，分析是把比较混沌的现实，分成有意义的群组，然后再阐明其相互关系的一种脑力劳动。在大多数情况下，如果找不到发生不良状态的根本原因，那么采取的任何应对策略就只是一种紧急处理。也就是说，如果不能分析出产生问题的正确原因，就不能从根本上解决问题。

——麦肯锡公司咨询顾问 艾森·拉塞尔

第二章 如何收集信息并进行高效沟通

在分析、探讨问题时，如果收集到的数据和信息是脱离实际的，那么像是盲人摸象一样，不能得出有效的解决方案。高效沟通本身是一种技能，也是麦肯锡的咨询顾问充实、填补自己在专业领域上的空白以及获得客户、行业专家甚至是竞争对手经验和知识的有效方法。

——麦肯锡公司咨询顾问 艾森·拉塞尔

第三章 如何提高逻辑思维能力

逻辑思考是提出假设和结论，并将自己认为最好、最正确的方法，传达给对方并使其产生兴趣。我们与职场精英之间，只相差逻辑思考的能力。

——麦肯锡日本分公司咨询顾问 大岛祥誉

第四章 如何推介解决方案

麦肯锡公司从来不做推销而只做营销，那就是始终为客户提出一揽子可以确保解决问题的成功方案，这样可为公司带来持续不断的业务。而且麦肯锡公司总能在合适的时间出现，并与合适的客户一起合作，共同解决问题。

——麦肯锡公司咨询顾问 艾森·拉塞尔

第五章 如何带领团队完成合作

在麦肯锡公司，你决不会独自工作，而且让一个人独自解决一个复杂的项目问题也是不现实的，也无法满足麦肯锡公司对客户服务的高标准和严要求。每个人都是团队中的一员，无论是在前台负责咨询工作，还是在后台制定决策，公司的所有事情都是由团队共同完成的。

——麦肯锡公司咨询顾问　艾森·拉塞尔

第六章 如何服务客户

客户是麦肯锡维持运营的生命之水，没有客户就没有麦肯锡。这是麦肯锡人始终把客户放到第一位的原因。另外，麦肯锡的公司文化，强调的不是“为客户工作”，而是“与客户合作”。这样才能更大限度地调动团队的工作积极性。

——麦肯锡公司咨询顾问　艾森·拉塞尔

第七章 如何高效地解决问题

麦肯锡公司始终致力于解决客户的商业问题。解决问题不是你在麦肯锡做的一件事情，而是你在麦肯锡做的每一件事情。就好像你始终都在为每一件事情寻找能够改进的方法，而不在乎它以前是什么样的。

——麦肯锡公司咨询顾问　艾森·拉塞尔

第八章 如何提升个人能力

就像世界上有了锁，就必然会存在与之相对应的钥匙一样，问题与解决问题的方法也是共存的。而如何找到最适合、最高效的工作方法，提升自己的工作能力，是每一个麦肯锡员工都要认真对待的问题。

——麦肯锡公司咨询顾问　艾森·拉塞尔

第九章 如何防范危机

解决问题的最高境界，不是仅仅着眼于解决过去发生的问题，而是在日常的工作中，积极寻找可能发生问题的潜在因素或不良状态，并将其扼杀在萌芽状态。也就是说，危机防范，是解决危机的最好方法。

——麦肯锡公司咨询顾问 艾森·拉塞尔

第一章

如何快速而正确地分析问题

分析指的是针对分析对象的状态与现象，进行追根究底式的归类。换句话说，分析是把比较混沌的现实，分成有意义的群组，然后再阐明其相互关系的一种脑力劳动。在大多数情况下，如果找不到发生不良状态的根本原因，那么采取的任何应对策略就只是一种紧急处理。也就是说，如果不能分析出产生问题的正确原因，就不能从根本上解决问题。

——麦肯锡公司咨询顾问　艾森·拉塞尔

分析问题应从零开始

Note

麦肯锡公司解决问题流程的第一步，就是“从零开始”思考，也就是用“回到原点”的思路来分析问题。

——麦肯锡日本分公司咨询顾问　大岛祥誉

当我们遇到问题的时候，很多人都不知道为了“解决问题”应该如何思考，用什么方法思考，因为他们没有解决问题的思路。而麦肯锡公司的咨询顾问始终都保持着“从零开始”分析问题的习惯。

Note

“从零开始”思考

从某种意义上说，我们所做的工作，大多是为了解决“各种问题”，如果我们的工作不能做到这一点，那么我们从事的工作也就没有任何意义。而为了解决问题，我们需要具有“从零开始”的思考方法。

我们要考虑做这项工作的目的是什么，什么才是真正的问题，这项工作还有没有继续存在的必要。从这些角度进行思考，才是“从零开始”的思考方法。

举例来说，麦肯锡的咨询顾问，经常会从客户那里听到这样的请求：“我们有一个公司已经连续两年亏损了，试了很多办法，像开源节流、辞退员工，却都没有什么用。我们该怎么办才好呢？问题究竟出在哪里呢？快来给我们想个办法吧！”

如果按照常规方法解决问题，那么流程是这样的：先要找出这个分公司的问题，然后进行相应的分析和假设，最后找出解决问题的方法。但这并不一定是解决问题的最好方法。

这是因为，没有采用“从零开始”的思考方法。只是根据客户提出的要求，并给出相应的建议，这不是“从零开始”的观点。

“从零开始”的思考方法是这样的，无论这个分公司有多么辉煌的历史，或是拥有多么著名的品牌，只要其在未来没有发展前途，就都应该彻底放弃，这或许才是最好的选择。

也就是说，真正的问题，可能不是如何解决这个分公司的财务亏损，而是要彻底放弃它，然后提高整个公司的利润。

让“从零开始”变成自己的习惯

我们在平时生活中，也可以应用“从零开始”的思考方法。

举例来说，你的朋友最近心情很差，你在聊天中得知，她跟男朋友吵架了，她想问问你应该怎么办。

此时，如果按照常规方法，则可以多劝劝她，通常是劝她跟男朋友和好。比如，你可以建议她：多倾听男朋友的话，或者是两个人多沟通一下等。

但如果我们换一种方式思考，也就是“从零开始”，那么就要多找找她的男朋友的问题了。

比如你通过了解得知，她的男朋友不但人缘特别差，而且人品也有问题。如果事实是这样的，那么你应该向你的朋友提议“两个人就此分手”，这才是你此时最好的建议。

由此可见，“从零开始”的思考方法，无论在哪里都是非常重要的一种方法。这是因为，我们一旦忽略或弄错了真正的

Note

Note

问题，那么结局可能是所有的努力都白费了。

而我们如果让“从零开始”思考变成一种习惯，就能抓住真正的问题点，进而挖掘出解决问题的线索。我们只有这样做才会少走弯路，提高解决问题的效率。

以旁观者的立场“批判思考”

我们如果将前面提到的“从零开始”的思考方法用到自己身上，就可能会“陷入迷局”而难以做出决断。

仍然以前面的例子说明，如果你的朋友对“两个人吵架”这件事情，给自己一个建议，那么她就很难干脆、利落地做出“与男朋友分手”这个决定。

而当你作为她的朋友，以一个旁观者的身份进行“批判思考”，然后再给她建议时，她不但很容易做出决断，而且还可能会非常感激你为她提出了这么好的一个建议。

这是因为，当我们面对自己的问题时，往往很难摆脱“自我视点”。这样，在判断问题时也会犹犹豫豫，很难做出决断。而如果站在旁观者的立场上，就很容易进行“批判式的思考”，也容易抓住问题的关键并迅速做出一个正确的判断。

因此，我们还要养成“批判思考”的习惯，这样更有利于进行“从零开始”思考，进而提高解决问题的效率。

Note

以事实为基础进行分析

在解决问题的过程中，分析能力是最重要的。而从掌握现状以及分析原因中得到成果，绝大部分依靠的是以事实为基础的分析问题的能力。

——麦肯锡公司咨询顾问　艾森·拉塞尔

在麦肯锡公司，解决问题的思路有三个：以事实为基础、严格的结构化、以假设作为导向。而事实就是我们用来铺就一条通往解决问题之路的基石，也是支撑这一方案的中流砥柱，因此，千万不要忽略、放弃和恐惧任何事实。

Note

分析问题，应以事实为基础

在麦肯锡公司，分析问题的基础是从事实入手。

咨询顾问通常在项目开始的第一天，就要对海量的数据、资料以及内部的研究报告进行分析、梳理，以收集足够多且可以作为基础证据的事实，并在随后召开的团队会议上，对他们的一部分问题进行详细论证、说明。

在总结出问题的最初假定之后，项目团队的成员就会立即收集所需要的事实，在进行了适当的分析以后，就会对“最初的假定”进行支持或者反驳。

也就是说，只要我们在麦肯锡工作，收集事实和分析事实就是我们“存在”的理由。

麦肯锡一位资深的项目经理这样说道：“当你剥离了麦肯锡用以装扮其解决问题程序的许多美妙的语言之后，剩下来的就是对问题成分进行的令人非常兴奋的、高质量的分析，与之相伴的还有对待收集事实的积极态度。”

麦肯锡对事实重视的原因

我们都知道，麦肯锡是做商业咨询的公司，那么它为什么会对事实如此重视呢？这主要有以下两个方面的原因。

1. “事实”能够弥补团队成员在内在直觉方面的缺乏。众所周知，麦肯锡的咨询顾问大多数都是通才，他们知识渊博、才思敏捷，对各行各业都有所涉猎。而且随着经验的日积月累以及职位的不断提高，他们对分析和解决问题有更深刻的认识。

即使如此，与具体的某行业内的实际工作人员相比，他们的认知程度也远远不够，不具备独自解决问题的能力。因此，在得出问题的结论之前，他们就必须对问题进行深入了解。也就是说，只有“看清事实”，才能“得出结论”。

2. “事实”能够在客户与麦肯锡公司之间架起一座可以跨越可信度鸿沟的桥梁。在麦肯锡，入门层级的咨询顾问，一般都具有名牌商学院的工商管理硕士学位（MBA），在院校的成绩也会名列前茅。

但他们的年龄往往偏低，如果在项目中，向一些财富“500强”的首席执行官提交分析报告，就很难取得这些人的信任。当然，除非拥有足够分量的事实支撑他们的观点。

因此，他们在缺少实际工作经验的情况下，就绝对不能回避“事实”，而应该主动寻找并利用事实。也就是说，“事实”是友善的和有用的东西。

Note

在纽约，麦肯锡公司曾经接到了一个项目，那就是为一家

Note

跨国银行提升业绩。

随后，麦肯锡的顾问团队立即开始了以“事实为基础”的数据收集。他们很快就发现，这家大型银行的后勤部门的费用偏高。于是，他们首先做出了消减后勤部门经营成本的一个“假设”。

但他们却对后勤部门的运作、工作流程以及数据等方面的资料毫不知情。于是，项目经理亲自去拜访后勤部门的主管。然而主管却对他们不屑一顾，因为在这位主管的眼里，这些人对他们的工作一无所知，也很难提出有效的建议，只不过是在浪费他的时间而已。

不过，这位主管最终还是把相关数据交给了项目团队。团队在详细分析后发现，一项产品的业务量很小，只有10%，却占用了后勤部门超过一半的成本，这正是影响这家银行业绩的关键因素。银行的相关人员却对此没有任何概念。

最终，麦肯锡把这个分析情况告知了银行的各个部门，最终为这家银行的业绩改善做出了很大的贡献。

麦肯锡公司的这个案例说明，只要我们坚持“以事实为基础”进行分析，并找到足够多的事实，然后将它们与一些富有创造性的思维结合起来，就能够最终找到解决问题的方法。

Note

逻辑树分析法

> 逻辑树又被称为问题树、演绎树和分解树等，不但是我们界定问题与议题之间联系的纽带，而且还能在解决问题的过程中建立一种共识。
>
> ——麦肯锡公司咨询顾问　艾森·拉塞尔

在麦肯锡公司，“逻辑树”是咨询顾问分析问题时最常使用的工具。逻辑树分析法是将问题中涵盖的所有子问题，没有疏忽和遗漏地进行分层罗列，从最高层开始逐步向下扩展，并逐渐细化，直到最终找出解决问题的方法。

Note

逻辑树分析法的作用

在解决问题的过程中，使用逻辑树分析法不但可以深入研究问题的成因，而且还能在很短的时间内，把解决问题的对策“具体化”。

逻辑树分析法首先以逻辑思考的因果关系作为解决方向，然后再经过层层的逻辑推演，最后导出问题的解决方法。另外，逻辑树分析法不但可以让我们冷静、客观地进行逻辑分析，而且还能为具体的操作提供非常坚实的图表基础，进而就能帮助我们轻松地解决问题。

具体来说，使用逻辑树分析法有以下7个优点。

1. 可以界定问题与议题之间的因果关系，找出“问题到底出在哪里”。

2. 假设各种可能的解决方案，以便可以尽快验证其可行性。

3. 将现有资料进行分析，再进行合理地推论，并找出最终的答案。

4. 打破旧框架，既可发散又可收敛，有利于消除思考的盲点。

5. 不仅有利于培养洞见问题的能力，而且还可以对问题进行抽象归纳和具体分析。

6. 确保解决问题过程的完整性。

7. 把工作进行细分，可分成利于单个人执行的多个子部分。

总之，逻辑树不仅能够帮助我们理清自己的思路，减少重复与无关的思考，而且还能确定各部分的前后顺序，把工作的责任明确落实到每一个人。

此外，当使用逻辑树分析复杂问题时，我们还可以把复杂问题分解为一组较小的、简单的，并且可以单独解决的子问题；然后再把子问题不断地进行拆细、分解，等到把子问题分解到足够细时，答案也就变得非常清晰和明了了。

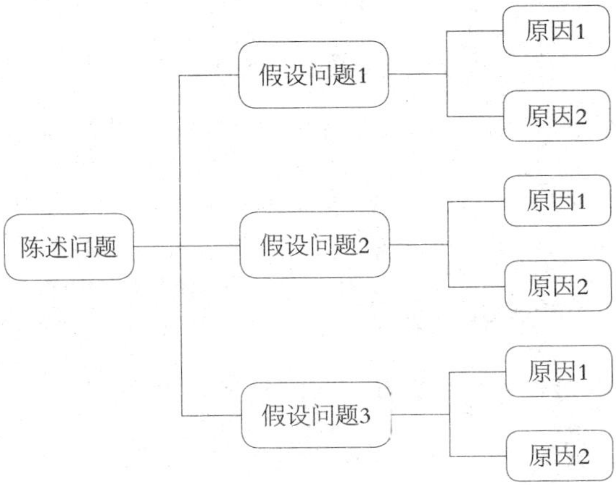

图1　逻辑树的基本形式

使用逻辑树的注意事项

逻辑树与其他结构的框架一样，都是通过对问题进行简

Note

化，帮助我们简化那些复杂的问题，即从无序走向有序。那么，在使用逻辑树时有哪些注意事项呢？

1. 不能偏离问题的目标。我们在运用逻辑树时要特别注意：不仅不能偏离问题的目标，而且问题与解决方案之间要有具体的因果关系。另外，在把解决对策“具体化”的过程中，我们应该反复追问“So，How?”只要这些对策都能够使用逻辑树串联起来并执行，问题很快就会被解决。

2. 在垂直的表格与表格之间，不能有重复或遗漏的问题。这就需要我们采用“MECE”方法（后面章节会具体解释）查看是否有重复或遗漏之处。如果发现有遗漏，并且暂时不清楚问题是什么，则可先用“？”代替，之后再回过头来思考问题到底是什么。

使用逻辑树应遵循的原则

使用逻辑树来分析问题通常要遵循下列原则。

1. 我们在给一个问题找到解决方案以前，可以先将一个已知问题当成树干。

2. 考虑已知问题与哪些相关问题或子问题有关，然后再把问题的所有子问题进行分层罗列，要从最上层开始，并且逐渐向下扩展，注意不能有遗漏或者重复。

3. 在向下扩展的过程中，每当我们想到一个已知问题，也就是树干，即可再添加“树枝”，并注明“树枝”代表的具体问题。通常在一个大的“树枝”上，还能够再扩展出很多小的“树枝”。以此类推，尽可能找出主要问题以及所有相关联的问题。

4. 对问题不断进行分解的过程，也就是一个不断思考解决问题的方法的过程。我们分得越细，考虑的解决方法就越准确。只要把问题分解到足够细，答案自然就会非常清楚了。

此外，在制作逻辑树时，分解问题的方式可能不是唯一的。而选择方式的不同会影响我们观察问题的角度以及对一些特别关键的问题的认识。但无论怎样选择，我们都要采用“MECE”原则，只有这样才能避免出现混淆和模糊不清的现象。

总之，使用逻辑树可以获得解决问题的不同方案。它有以下5个步骤。

1. 有没有问题？

2. 问题在哪里？

3. 为什么存在？

4. 我们能做什么？

5. 我们应该做什么？

Note

Note

麦肯锡的新创公司分析法

只有以事实为基础，并明确具体问题，才能保证分析具有准确性，与此同时，我们还应挖掘出问题的核心。

——麦肯锡公司咨询顾问　艾森·拉塞尔

麦肯锡公司曾经处理过大量的企业经营管理的案例，为此，麦肯锡公司总结出了一种有关公司商业机遇方面的分析方法，这对新创公司来说，是一种非常重要的分析方法。

Note

明确新创公司的市场

大多数的新创公司的商业计划往往没有可以遵循的原则，新创公司的市场通常是外延式的，而非那些传统、有模式可寻的市场。

举例来说，目前一些非常具有创新性的服务性市场，到底是什么样子的？当前有很多高科技公司在做软件，这种软件是套装软件还是服务性的软件？比如，用友是一家企业财务软件提供商，市场定位是中国的各大、中、小企业，同时，它又是企业软件的集成商及套装软件商。

因此，我们首先必须要明确新创公司的市场定位，然后找出它在市场中位于价值链的哪一端。这是因为，只有先确定了企业的市场在哪里，我们才能明确与企业竞争的对手有哪些，它们拥有哪些机遇和挑战。这样有利于我们更准确地为企业“把脉”。

分析影响市场的各种因素

在明确了企业的市场定位后，接下来就要分析影响该市场的各种抑制或者驱动因素，然后找到影响市场的各种环境因素，比如，抑制或驱动市场的因素是强还是弱，还应找出影响

Note

市场的长期因素和短期因素。此外，如果发现抑制因素属于长期并且是不可控的，那么我们就应该考虑是否要放弃这个市场了。

一些普通的新创公司面对的大多为新兴市场，这些市场肯定不像汽车行业的市场那样成熟，因此我们不能使用一些比较成型的模式或数据进行分析，比如平均每年增长比例等。但之前的一些老模式，如今也大都面临着新挑战。

比如，当一个国家加入了国际贸易组织（WTO）以后，这种因素就可能是双重的，既可能是驱动因素，又可能是抑制因素，对每个行业的影响的区别也是很大的。

寻找市场的需求点

当对市场进行精准的分析，对市场的各类客户进行分类并熟悉了各类客户的增长趋势以后，我们就能够非常容易地找出市场的需求点。

举例来说，中国的房屋消费市场增长非常快，但地区与地区之间，或者各个地段之间的差别很大。这就需要我们为此做出分析和判断，比如，哪个地段、哪个价位的房屋市场增长快？有哪些阶层的人是在这个价位购买的？其驱动因素有哪些？掌握客户购买房屋的关键因素也是客户最关心的事情。

分析市场的供应特征

分析市场的供应特征，就是找出有多少人在给这个市场提供服务。这样，我们在市场的整个价值链中，就能够找出很多相应的合作伙伴。

举例来说，在奶制品的市场中，有的企业负责养奶牛，有的企业负责生产奶产品，还有的企业负责销售奶制品。那么对负责销售奶制品的企业来说，前面提到的两个上游企业就是它的合作伙伴。另外，我们还应该结合对市场需求的分析，找出合作伙伴在供应市场中具有的优势和劣势。

找到新创企业的空间和机遇

经过前面的分析之后，我们知道在关键购买因素增长极快的情况下，如果供应商由于其自身的原因而难以满足市场需求，而那些新创企业的模式却正好可以补充，并且填补了这个空白，那么就形成了一个新的创业机会。

这对那些创业公司与大公司也同样适用，而且同样适用于一些大公司的成功退出。但新创公司需要集中公司的全部精力迅速攻占这一空白领域，也就是迅速找到商机。

Note

细分创业模式

当找到了新的领域之后，新创企业往往容易犯下一个错误，那就是在创业模式中“一口吃个胖子”，在整个价值链中想要从头做到尾。比如，自己做软件、集成、营销，等等。

但如果企业创业模式的战线拉得过长，就肯定不能集中自己的优势资源，这也是很多企业最终失利的根本原因。因此，我们要在整个价值链上，精心挑选适合企业的最有竞争力的模式。而对于外围市场，要清楚与谁联合、与谁竞争；短期联合，还是长期联合；外部营销联合，还是内部研发联合，等等。这样，企业就能够轻松地征服这个市场，而且新创企业的商业模式，也能够集中体现出来。

第二章
如何收集信息并进行高效沟通

在分析、探讨问题时，如果收集到的数据和信息是脱离实际的，那么像是盲人摸象一样，不能得出有效的解决方案。高效沟通本身是一种技能，也是麦肯锡的咨询顾问充实、填补自己在专业领域上的空白以及获得客户、行业专家甚至是竞争对手经验和知识的有效方法。

——麦肯锡公司咨询顾问　艾森·拉塞尔

收集信息，应有序、高效和准确

Note

> 准确、重点的信息和数据，是分析问题和推出解决方案的过程中不可缺少的论据。但收集信息也是有顺序的，而顺序本身也是一种逻辑，如果没有搞清楚顺序，就会造成思维混乱。
>
> ——麦肯锡公司咨询顾问　艾森·拉塞尔

收集公司的数据和信息，也就是收集公司生产、经营、销售和战略等经营活动的基础资料，是有一定的规律可循的。麦肯锡公司就有一整套收集信息的步骤和流程，而高效的信息收

Note

集法，对解决问题具有至关重要的作用。

麦肯锡收集信息的基本流程

1. 掌握收集信息的目的与背景。这有助于我们在工作中不犯一些方向性的错误。具体来说，我们在收集信息前，要思考以下问题。

（1）列出数据和信息收集的目的。

（2）清楚收集到的信息是给公司内部汇报使用还是为客户汇报使用。

（3）弄清楚调研结果的形式，是只有数据或资料，还是数据与资料相结合。

（4）收集信息所需要的时间。

2. 在明确收集信息的背景的基础上，列出一些关键点并向受访者详细了解。

3. 信息的具体来源必须要明确。如果我们对信息的来源非常熟悉，就能够大大提高收集信息的质量和效率。那么，如何明确信息的来源呢？麦肯锡的做法如下。

（1）先从对方提供的刊登信息的表格入手。

（2）判断所需的信息和数据可能会出现在哪些资料上。

（3）查阅不清楚的资料时，可以同原资料的编辑者联

Note

系，以明确资料的准确性。

4. 在收集信息的整个过程中，要掌握总体状况。只有这样才不至于在细节方面出现失误。

5. 从细微之处收集数据和信息。有时候，问题可能不是出在大方向上，而可能出在细微之处，如有些不为人知的缺陷或问题。因此，我们在收集信息时，还要注重细节。

麦肯锡高效收集信息的技巧

1. 制定收集信息的工作步骤。主要步骤包括以下3步。

（1）制定一个高效的工作流程。也就是说，信息收集要在规定的时间内完成，并按照信息制作出相关的分析报告。

（2）灵活掌握定量信息与定性信息。定量信息是指用具体的数据表现内容的信息；而定性信息是指单纯用文字表现内容的信息。只有灵活掌握这两种方式，才能让信息变得更有说服力。

（3）从一些公开信息中挖掘出对解决问题有效的信息。

2. 找准搜索的关键词。使用关键词收集信息往往一两次并不一定能够成功，这就需要我们多尝试一些关键词，以便最终找到我们需要的信息。

3. 养成平时收集信息的好习惯。比如经常做笔记，与不

Note

同行业的人多沟通等，这些都有利于培养收集信息的能力。

麦肯锡高效记笔记的方法

在麦肯锡公司，咨询顾问在收集信息时，还会携带一些像笔和笔记本等简单的工具。这样可让收集信息的工作变得更加顺利和有效。同时，还可以向客户展示他们的专业性和严谨性。

对于我们访谈时所记的笔记，麦肯锡的咨询顾问认为，采用哪种记笔记的方式并不重要，重要的是记笔记的效果。通常记笔记要注意以下5点。

1. 首先要把对自己解决问题最有用的信息记录下来。

2. 在记笔记的同时，还要进行框架性的思考。

3. 对受访者的一些具有创造性成果的论据，要进行仔细的加工和整理。

4. 把事实和意见分成两段来记录。

5. 访谈中的疑问之处要随时记录下来，以便进行更深层次的信息整理。

麦肯锡公司一贯坚持的原则就是尽量简单，无论是工具还是储存信息，都要做到尽量简单。在使用这些简单的辅助工具的基础上，我们只有掌握了一定的技巧，才能够让收集信息的工作变得简单且高效。

通过客户访谈，收集有效信息

Note

在麦肯锡的问题解决流程中，访谈是收集信息的一个重要的手段。通过访谈收集有效信息，是项目进程中必不可少的一项工作。

——麦肯锡公司咨询顾问　艾森·拉塞尔

麦肯锡的每个咨询项目都有专人负责访谈工作，而且会进行多次访谈。这是因为，访谈已经成为麦肯锡咨询顾问充实、填补自己在专业领域上的空白以及获得客户、行业专家甚至是竞争对手经验和知识的有效方法。

Note

麦肯锡公司访谈的基本流程

如果想要在访谈中获取有用信息，那么我们就需要掌握一定的技巧。麦肯锡公司的标准访谈流程如下所示。

1. 访谈前，先准备一份客户访谈提纲。如果客户的级别不同，那么就要针对不同的客户，准备不同的访谈提纲。针对提纲的内容，要记录好准备提出的问题，并整理好它们之间的先后顺序。

2. 提前了解受访者的相关信息。很多麦肯锡的客户都是世界“500强”或是很多知名企业的高管，假如我们访问的是一位非常挑剔的首席执行官（CEO），那么就不要准备一些特别敏感的问题，否则可能会影响访谈效果。

3. 访谈要先从一般性的问题开始，切忌一开口就针对具体问题进行提问。这样做有助于受访者进入访谈的状态，相互之间也可以建立起一种非常和谐的关系。但也要参考具体情况，如果受访者此刻非常忙碌，那么就不适合采用这种方式了。

4. 适当加入一些已经知道答案的问题。这似乎有悖常理，但对我们判断受访者提供信息的真实性，却是非常有必要的。另外，一些复杂问题的答案可能有很多种，如果我们能够得出问题的多种“答案”，那么对我们开阔思路是很有好处的。

Note

麦肯锡成功访谈的7个策略

我们要想在有限的访谈时间内取得成功，就有必要掌握一些麦肯锡公司屡试不爽的访谈策略。

1. 让受访者的上司安排你与受访者的访谈。如果受访者非常清楚，访谈是他的上司亲自安排的，那么他就不会敷衍我们，并会对访谈更加重视。

2. 两个人一组，相互配合。通常情况下，只靠一个人进行一次有效访谈是很难的。这是因为，一个人如果既要提问，又要倾听以及忙于记录，就极有可能会忙中出错。因此，两个人联手与客户进行访谈，并相互配合，效果是最好的。比如一个人提问，一个人做记录，就不容易出现遗漏之处。

3. 多倾听、少引导。要注意，我们的访谈是要尽量收集到更多有效的信息，因此，获得详尽答案的最好方法就是倾听。只要受访者没有偏离我们提问的主题，就可以让他尽情发挥。

4. 对于一些关键的问题，要多做“复述”。麦肯锡公司会经常对员工进行培训，也就是用一种不同的形式“复述”受访者的答案。这是因为，很多人在谈话时很难做到富有条理。

Note

因此，他们的谈话往往会失去重点。此时，我们可以多用“复述”，以给受访者补充重要信息的机会。

5. 多采用“旁敲侧击”的方式。我们在访谈时，一定要关注受访者的感受。如果我们单刀直入地问一些比较刁钻的问题，那么受访者就会感觉很不舒服，甚至还可能觉得自己受到了威胁。因此，要多采用“旁敲侧击”的方式，如此他们就不会感到不安。

6. 不要一次问得太多。麦肯锡的客户通常都需要麦肯锡为他们解决很多商业领域的难题，这对他们而言，往往都是一段很不愉快的经历。因此，如果一次问了他们太多的问题，就可能使得受访者的不愉快升级，并导致他们不再积极合作。这会让我们收集信息变得更加困难。

7. 采用考伦波策略。考伦波是20世纪70年代美国非常流行的电视剧中的一位神探，他有一个策略，就是先假装对嫌疑人的询问已经结束，但在离开以后，又会突然转过身询问一个最重要的问题。此时，由于嫌疑人已经非常放松，因此，就极易问到最真实的答案。这个策略对受访者同样适用，使用它，可能就会得到我们最想要的信息。但这一招也要注重策略，否则就会画蛇添足，甚至变成败笔。

运用“30秒电梯法则”，进行简洁、有效的沟通

Note

> 真正的要点都非常简洁，也能够在乘电梯的30秒内完成描述。但如果你必须对要点做出冗长、拖沓的解释，就说明你还未抓住问题的核心。
>
> ——麦肯锡公司咨询顾问　艾森·拉塞尔

“30秒电梯法则”是麦肯锡公司用于沟通的一项重要原则，其主要特点是要求麦肯锡的每一位业务人员，都具有在30秒的时间内向客户推介方案的能力，而且在企业的整体运营中，“30秒理论”跟团队的执行和沟通效果有极为密切的关系。

Note

"30秒电梯法则"的来源

"30秒电梯法则"是麦肯锡公司从一次沉痛的教训中得来的。麦肯锡公司在创立初期，曾经给一家非常重要的大客户提供咨询服务。等到咨询结束时，这家大客户的董事长在电梯内，向麦肯锡的项目负责人询问："您能否简单地给我说一下目前的结果呢？"但项目负责人却丝毫没有准备，支支吾吾地回答了一些不重要的问题，结果，电梯门很快就打开了，这位董事长扬长而去。麦肯锡公司因此失去了一位非常重要的客户。

此后，麦肯锡公司要求所有的员工，必须能在最短的时间内把事情的结果描述清楚，且要求凡事都必须直奔主题。就这样，"30秒电梯法则"应运而生，也就是我们要在极短的时间内，向对方传达出一些清晰、简洁、有说服力的信息。这是因为，机会转瞬即逝，只要把握好"30秒电梯法则"，就会对我们的求职、工作等起到特别积极的作用。举例如下。

1. 用1句话简单介绍公司或者部门的年度营销报告。

2. 用1段话阐述公司品牌的定位和未来的发展方向。

3. 用3分钟表达商品销量下滑的主要原因，并提出相应的几个解决方案，然后让你的领导迅速做出决策。

前面提到的方法，都要求我们具有简洁、清楚地描述观点的能力。如果我们连3句话都说不清楚，那么即使有再长的时间也可能依然说不清楚。

“30秒电梯法则”的3个主要用法

“30秒电梯法则”的核心就在于，当我们对问题进行简要叙述时，要把谈论的主题以及对方关注的核心问题进行突出、强调，并且迅速、有效地为对方表达，千万不能被那些无关紧要的信息困扰。

在如今快速的工作节奏中，懂得利用“30秒电梯法则”，也就是懂得运用清晰、简洁、富有逻辑的内容表达自己的思想，是极为重要的。其主要用法有以下3个。

1. 高度总结法。就是要抓住重点，把内容进行高度浓缩。

2. 激发思考法。如果有些问题在极短的时间内不能被阐述清楚，就可以抓住其中的几个亮点，引发对方的兴趣，并为下一次的详细交谈打好基础。

3. 语出惊人法。我们常说，良好的开端就等于成功了一半，因此，开头必须要特别吸引人，像“晨钟暮鼓”一样警策动人。这样可以使对方精神大振、竖起耳朵，并且想要继续听下去。

Note

Note

"30秒电梯法则"强调：凡事都要直奔主题和结果，要表达重点信息，忽略次要信息，从而为双方节约时间和沟通的成本。而且在通常情况下，人们在短时间内最多能够记住前3条，剩下的那些是根本记不住的，因此，凡事归纳必须在3条以内。

应用"30秒电梯法则"对我们的基本要求

1. 前期准备要充分。要想迅速说服客户，就绝对不能打无把握之仗，因此，要对即将拜访的客户进行充分的准备。比如，对其历史、现状以及相关特点等进行详细分析，并对谈话中可能出现的问题做充足准备。此外，如果我们能够把实现双赢作为重要的结合点，就意味着拜访与交流成功了一半。

2. 具有快速的分析能力。当对方迅速提出问题时，我们就要马上调动大脑，然后进行全面、立体的分析。比如，迅速分析出对方有什么目的和用意，然后找到与对方合作的交叉点，并结合交叉点给出相应的答复。

3. 归纳、提炼内容时要果断。将答复对方的内容迅速进行归纳和提炼，并总结出能够吸引对方的3个要点，然后果断、自信地进行答复。这样，我们就可以掌握与对方交谈的主动权，进而达到最终的目的。

运用“知、感、行”进行高效沟通

Note

> 在商业合作的领域中，人们都会厌恶烦琐、啰嗦的沟通方式，只有那些简明扼要且行之有效的沟通方式，才符合时代发展的潮流。
>
> ——麦肯锡公司资深合伙人　罗勃·洛威茨

“知、感、行”是麦肯锡公司推行的一种十分简单、有效的沟通模式，通常经过一段时间的训练，即可让我们在很多快速变化的环境中，能够与他人进行有效、顺利的沟通。

Note

“知”“感”“行”——简洁、高效的沟通模式

我们不但每天都必须面对很多人，而且很多时候还要与他们进行沟通，他们也会随时决定是否接受我们的意见，或者是否采取相应的行动。他们一般只会给我们很短的时间讲述，如果他们对我们的谈话不感兴趣，那么表述就会失败。

一些语无伦次、毫无重点的谈话，毫无疑问会给我们的工作带来很多障碍。尽管客户可能不会当面告诉我们，他们对谈话内容难以理解或是不能接受，可是我们在他们的心中肯定会形成这样一个印象：这是一个思路不清、表达不明的人。

为此，我们应该有意识地训练自己“知、感、行”的沟通能力，也就是我们在向对方表达自己时，必须要做到突出重点，以求迅速打动对方。这也是在快节奏的工作环境中，我们每个人都希望自己或者对方能够采用的一种高效沟通模式。

这就要求我们运用精简、浓缩的沟通方式，使沟通变得有侧重点，避免浪费处理问题的时间。麦肯锡公司把与客户的沟通过程浓缩为“知、感、行”这三个字。那么，“知、感、行”代表什么含义呢？

知：找出谈话的重点，使得对方能够立刻就听明白。

感：立即感受到对方所要表达的需求。

行：根据对方的需求，马上采取合适的行动。

“知、感、行”的沟通模式在实际的工作中产生了良好的效果，这是因为，它能够让我们在把所思所想传递给对方时做到把距离缩减至最短。举例来说，我们都希望自己的主管领导不要总是喋喋不休地给我们“训话”，因为这是很难接受的事情，而相互之间采用“知、感、行”这种有效沟通能让我们更容易接受。“知、感、行”能够帮助我们营造良好的对话氛围，而不只是一种单方面传递信息的“传话”模式。

“知、感、行”的训练方法

我们在训练“知、感、行”的沟通模式时，首先要把这三个字的含义牢记清楚，然后在“知、感、行”的模式下开始训练自己，最终做到在任何情况下，都能够迅速地表达清楚自己所要表达的意思。其步骤可分为以下3点。

1. 在清晰地表达自己的要点前，首先要明白对方的需求点，这样才能让对方能够立即明白我们所表达的观点就是对方想搞清楚的事情。

2. 等到我们表达结束以后，必须让对方有表达自己想法的意愿，让对方尽量用一句话表达清楚，然后我们把它记录下来。值得注意的是，我们绝对不能命令对方表达感受，但可以

Note

Note

通过改变自己的表达方式，影响对方的情绪。

3. 当我们做出表达后，应该让对方有所行动，或者要求对方只用一句话就明确表达自己的态度，并把它记录下来。

训练一般需要大约10分钟的时间，但只要经常进行这方面的训练，我们就会发现，所需的时间很快就能够缩短到1分钟以内，甚至可能会更短。

此外，我们如果经常运用“知、感、行”进行训练，就会很自然地进行换位思考。例如，如果站在对方的角度考虑，那么最希望自己在哪个时间段、哪个情景下沟通？或者是最想听到什么？这样就能够按照对方的心态和要求，组织我们应该表述的重点与思路。

“知、感、行”这3个步骤，不仅操作起来非常简单，而且效果也比较明显。这是因为，这3个步骤非常短，也很容易记和完成。这对很多工作繁忙的经理人尤为重要，他们经常在与客户沟通前，写交谈的提要，这也是“知、感、行”3个步骤的体现。

此外，“知、感、行”这3个步骤非常严谨，并且容易形成习惯。而且很多训练者都会发现，如果自己没有在沟通的过程中严格遵守这3个步骤，表达的思想就会出现偏差，也很难与对方沟通清楚。

第三章
如何提高逻辑思维能力

逻辑思考是提出假设和结论，并将自己认为最好、最正确的方法，传达给对方并使其产生兴趣。我们与职场精英之间，只相差逻辑思考的能力。

——麦肯锡日本分公司咨询顾问　大岛祥誉

逻辑思考：分析、解决问题的基础

Note

无论是初次开展工作，还是遇到了久攻未破的难题，逻辑思考都是麦肯锡公司分析和解决问题的基础。

——麦肯锡日本分公司董事长　大前研一

逻辑思考指的是对事物进行观察、比较、分析、综合、抽象、概括、判断和推理，并采取科学的逻辑方法，准确且富有条理地表达出整个思维的过程。因此，逻辑思考与形象思维是截然不同的。

Note

要进行“逻辑思考”，而不能只凭“一时的想法”

当面对各种问题的时候，我们常常会想到如何解决问题。但在解决问题之前，应该进行逻辑思考，或者明确采用什么样的方法思考，这才是解决问题的正确思路。

但实际上很多人最初在面对问题时，不是进行逻辑思考，而是将“一时的想法”，作为解决问题的策略。如果管理企业也依靠这种“一时的想法”，或者根据过往的经验解决企业经营上的问题，就会变得非常可怕。

这是因为，过往的那些经验可能已经完全不适合如今的时代，如果再以从前成功的经验作为解决问题的依据，则在很多时候，可能还会衍生出更多困难。

所以，逻辑思考是分析、解决问题的根本，不但有助于解决问题，而且一些所谓的直觉或者先见之明，都是在逻辑思考的过程中不断产生的。由于很多人从一开始就未能养成进行逻辑思考的习惯，因此，也就缺少了可以解决问题的思路。对企业而言，如果企业管理者没有采取正确的思路，就不能带领企业迎接新时代的各种考验。

我国有一家著名的铅笔制造厂，它的负责人有一次看到了一篇有关国际市场上石油价格将要长期下跌的报道。在我们普通人看来，油价下跌与铅笔厂之间根本没有直接联系。

但这位负责人却从这条信息中受到启发并进行了“逻辑思考”，很快就联想到自己工厂出口的铅笔，在很大程度上是从香港转销到中东阿拉伯地区产油国家的。

一旦石油价格出现了长期下跌，就将会大大影响这些产油国的经济状况。这样，这些国家的进口商品也必然会受到影响。所以，这位负责人立即做出改变，决定适当调整铅笔内销与外销的比例，并改进了铅笔的花色、品种和质量。

最终，在外销订货量普遍下降的情况下，这家铅笔厂却大大提高了国内市场的占有率。

我们从这个案例中不难看出，铅笔厂的负责人将石油价格下跌与铅笔销售之间进行了合乎逻辑的思考，最终变不利为有利，并取得了成功。

商界精英，普遍都具有“逻辑思考”的能力

很多人一谈起“逻辑思考”，就会感觉“颇费脑筋”且“非常麻烦”。但实际上，那些工作能力特别强的商界精英，往往都很善于利用“逻辑思考”处理工作上的事情。而且这些

Note

具备逻辑思考能力的精英在人际交往时，会让对方容易领会并接受他们的意图。

因此，我们还可以这样认为，这些擅长逻辑思考的人已经成为擅长沟通的人，即使面对很多复杂的工作也能应对自如。

美国有一家名叫亚默尔的肉食加工厂，老板菲力普·亚默尔有一次在报纸上看到了一条篇幅很小的资讯，内容是墨西哥地区爆发了猪、牛等动物的瘟疫。

随后，亚默尔静下心来，开始了周密的“逻辑思考”。由于墨西哥与美国西部地区接壤，因而疫情很可能会从西部的加利福尼亚州或得克萨斯州的边境地区蔓延到整个美国，而这两个地区是美国猪肉和牛肉的主要供应基地。为此，菲力普·亚默尔最终做出了下列判断：肉食供应很快就会出现紧张局面，肉价也会飞涨。

很快，菲力普·亚默尔就集中了自己的全部资金，用以大量购买加利福尼亚州和得克萨斯州的牛肉与猪肉，并迅速运到了美国的东部地区进行储存。没过多久，瘟疫果然很快就蔓延到了美国西北地区，导致猪肉、牛肉的价格猛涨，菲力普·亚默尔则借机大赚了一笔。

Note

无论是自然界的食物链还是复杂多变的人类社会，所有的事物都是相互联系和相互依存的。因此，我们要抓住事物之间的关联性，并以此为基础将其联系起来进行思考，这样就可以发现很多新的信息。但这种联系绝对不是漫无边际、生拉硬扯出来的，而是对它们进行合乎逻辑的思考后发现的。

Note

逻辑思考，要始终保持客观、理性

很多人都会认为，只有天才般的灵感才会产生那些令人称奇的新构想。但实际上，新构想是通过始终保持客观、理性地解决问题的想法而产生的。

——麦肯锡日本分公司董事长　大前研一

逻辑思考的客观性，指的是不以个人意志为转移的客观世界的内在联系，也就是要抛开主观猜测和主观判断的逻辑关系，保证事物本身的辩证逻辑关系。

Note

要理智、客观地进行逻辑思考

我们在做决策时通常有两种方式：一种是凭借过往的经验、直觉以及潜意识等方式做决策，利用这种方式可以迅速做出决策；另一种是将一些信息和数据等作为基础，进行逻辑推理，最后再做出决策，但这需要耗费大量的时间。

对于一些重要的工作，如果我们没有学会客观、理性地进行逻辑思考，而只凭自己的“直觉”做判断，就极易做出错误的判断。有时候很多人自认为经过了深思熟虑，并做出相应的结论，但实际上这些“深思熟虑”却是由愤怒、恐惧、担忧等个人情绪而引发的产物。

所以，摆脱不利情绪的干扰，理智、客观地做出判断，这才是最佳的工作方式。

一位男士漫不经心地驾车行驶在公路上。突然，他发现前方道路上出现了很长的急转弯，于是就下意识地立即踩了急刹车。可令他没有想到的是，此时从转弯处，也冲过来一辆车。这辆车看起来有些失控，忽左忽右，以“蛇行”路线向这位男士急速驶来。

这位男士大吃一惊，立刻踩下了急刹车，在两辆车就要

Note

相撞之际，对面驶来的车突然转向，最终两辆车缓慢地擦肩而过。就在男士疑惑之际，一位非常漂亮的女士打开车窗，并冲他大声喊道：“猪！”

男士一听，火冒三丈，他立刻大声“回敬”女士：“你才是猪呢！”

说完之后，他加大了油门，迅速向前驶去。

可是，刚一转弯，他就真的撞上了一群快速奔跑的猪……

这个案例说明，无论什么时候，我们都要保持理智、客观的思维方式，否则，瞬间发怒就会让人失去理智。而眼前发生的事情也不一定就是全部的真相，背后可能会有我们不清楚的原因，只有多进行这方面的思考，才能够提高自己理智、客观的逻辑思维能力。

保持怀疑态度，也是一种理性思维的表现

我们经常会看到有关“经常吃香蕉对人体健康有益”的报道，但从这个论点中我们并不能得出“过量吃香蕉”以及“空腹吃香蕉”对身体有益的结论。

这是因为香蕉中含有的镁、钾等元素是比较多的，虽然镁、钾是人体必需的营养元素，但如果在短时间内摄入过多香蕉，就会立即使得血液中镁、钾元素的含量急剧增加，造成体内的钠、钙等元素比例失调，对健康产生危害。另外，如果空腹吃香蕉，就会因胃酸分泌减少而引起胃肠功能的紊乱。

因此，对一些信息要保持理性、客观和怀疑的态度，这也是一种理性的逻辑思考。

美国一家比萨外卖连锁店对外有一句宣传口号：下单后半小时内，即可收到新出炉的美味比萨。这句宣传口号刺激了顾客的购买欲望，因此每当饭点到来之时，就吸引了大量的外卖订单。

但结果却由于制作比萨的数量以及送餐人员的不足，经常会出现延误送餐的情况，为此顾客也纷纷进行了投诉。

为了减少投诉，比萨店的管理者采取了很多应对措施，比如大量增加送餐人员以及提前制作大量比萨并将其储存起来。虽然这些措施使得送餐延误的情况大有好转，但顾客的投诉并未因此而减少。

我们很容易从这个案例中得知，顾客投诉没有减少的真正原因是他们没有按时吃到热气腾腾的新出炉的比萨。如果让顾客进行选择，是在超过半小时的时间内收到“新出炉”的比萨，还是在半小时之内收到“凉的”比萨，则大多数顾客还是选择前者，也就是哪怕超出一点儿时间，也要吃到“热的”比萨。

Note

假设与结论，千万不能混为一谈

很多人将假设与结论混为一谈的原因是，他们把很多由数据和信息建立起来的假设，当成了事件的结论。

——麦肯锡日本分公司董事长 大前研一

逻辑思考的基础，在于首先要提出很多假设，但对这些假设要进行验证。否则，就可能会出现错误也将假设当成目标和结论的情况，导致最终无法解决问题。

Note

假设与结论的区别

麦肯锡作为企业的经营管理顾问，要从分析行业数据和企业自身的数据开始，然后再根据这些基础数据，进行逻辑思考并做出很多假设。举例来说，如果我们假设某个行业处在衰退之中，该行业的整体成长已明显放缓，就应当建议客户压缩投资。

但值得注意的是，假设与实际结论之间是有很大区别的，在这种情况下，“行业逐渐衰退”只是我们做出的一种假设，并不是具体的结论。因此，我们首先要证明“衰退”这种假设的正确性，并为此搜集、分析各种相关的证据。往往在搜集、分析这些证据的过程中，就会显现出各种问题。

通过分析数据整理出来的资料，只不过是假设。但是大部分企业经营者或者管理者，都会把假设当作结论，结果却完全忽略从搜集证据和印证假设以及得出真正结论的过程中的逻辑思考，导致得出一个完全错误的结论。

我们以日本的和服为例，其市场规模目前逐渐萎缩，从最近20年的统计中得知，平均每个家庭为购买和服支出的费用减少了一半。而且随着日本人口老龄化不断加剧，新生儿童的比

Note

例也在逐渐下降，因此，很多人预测和服的市场规模将会变得越来越小，并就此认为和服行业也将会是一个衰退的行业。

但前面提出的论据只是一种假设。如果我们再进一步仔细地分析相关数据，则可得出：虽然和服在整体市场中的销量下滑，但浴衣和服的销售量却保持坚挺，并且年轻女性是浴衣和服的主要客户群体。这样，我们即可得出这样的假设：年轻女性对浴衣和服非常感兴趣，她们不会因为和服市场的整体下滑而改变购买习惯，即和服行业仍然会有以年轻女性为购买主力的潜在需求。

最后，我们对通过数据得出的假设进行逻辑思考，即可得出结论：对于和服市场，与其将大量的精力用于设计新款高级和服，不如转为开发那些符合年轻女性品味和需求的新款浴衣和服。

我们从上面的案例可知，提出“假设”不是最重要的，最重要的是能够帮助客户得出“结论”。如果有些经营管理顾问将“和服市场逐渐萎缩”这个“假设”当成了“结论”，就可能会给企业提出“和服行业已经衰退了，因此提升营业额是极其困难的”建议。这不但不能帮助企业解决困难，而且会浪费企业大量的时间和精力。

因此，任何问题都有相应的解决办法，如果问题不能直接解决，那么我们还可以按照前面提到的案例，实行迂回解决问题的办法。

提出假设后，要通过调查和分析进行验证

为了证明假设的准确性，就必须收集一些新的资料，对假设做出进一步论证，并最终得出新的结论。因为我们研究“假设”不是为了假设而假设的，而是为最终得出结论服务的。

有些人虽然懂得反复论证“假设”，但是并不清楚论证到什么程度，得出的结论才最具有实际意义，这同样也是没有效果的。

此外，我们从相关数据中得出的一些“结论”，在得到验证之前，只能称其为“假设”而不能称其为“结论”。因为假设是有局限性的，只有通过假设与证明之间反复循环论证，才能得出假设是否准确，进而推导出假设是否可以变成相应的结论。

因此，我们不能通过凭空假设解决实际问题，而应该在对假设进行验证的过程中，不断对其进行推导，以便得出相应的结论，帮助我们解决问题。

Note

Note

通过逻辑思考的训练，产生解决问题的新思维

我所了解的麦肯锡逻辑思考，不是为了演讲而存在的，而是通过自己独特的方法创造性地产生解决问题的新思维。

——麦肯锡日本分公司咨询顾问　大岛祥誉

逻辑思考不但用于那些人数有限的演讲场合，而且可以创造出使人的行为发生改变的价值。这也是麦肯锡学院的毕业生被称为“麦肯锡黑手党”，并活跃在其他众多领域的缘故。

Note

摆脱陈旧的思维

商业社会日新月异，出现的问题也是层出不穷。麦肯锡在同社会上的各类企业不断进行交流、调查以及合作的过程中发现，当企业管理者碰到了之前从未涉及的问题时，一部分人就会陷入慌乱之中，他们极力否认这些问题的存在，甚至还认为这些问题绝对不会发生在自己的企业中；而另一部分人则恰好相反，他们承认遇到了巨大的麻烦，却沉浸在很多负面情绪中逃避责任，甚至不能自拔，这些都是非常极端的、不负责任的错误做法。

这实际上是一种非常陈旧的思维在作怪。没有与时俱进的新思维使他们可以随机应变地处理那些从未涉及的难题，这样他们就会失去平常心，并陷入一片恐慌之中。

因此，我们要经常尝试一些训练，让自己摆脱陈旧思维的束缚，使自己能够用一颗平常心处理遇到的难题。多尝试一些不同的事物，能够让我们的联想变得更加丰富，也容易让自己在遭遇难题时所做出的假设变得更有意义。

麦肯锡日本分公司的大前研一先生非常善于演讲，而且他在每次演讲时有一个习惯，那就是仔细地观察观众特征。比

Note

如，当下面坐的都是清一色的男士时，他就会使用男士语气进行演讲；如果底下有很多女士，他就会立刻换一种语气和方式，然后观察女士们的反应状态。这样做有很多好处，大前研一可以通过引导观众的方式营造不同的氛围，然后培养自己随机应变、应对自如的能力。

发掘可能性，训练独特的思维方式

麦肯锡公司的咨询顾问非常推崇一种方法，那就是通过不断挖掘一些外部的信息和报道，培养、训练自己解决问题的逻辑思考能力，这也被誉为“麦肯锡式的、解决问题的技巧与框架”。下面我们以麦肯锡咨询顾问为例，介绍一下他们是如何从生活中的小事中挖掘出解决问题的方法的。

麦肯锡的咨询顾问不但在生活中特别关注各类财经报道以及科技方面的信息，而且还能够形成一些思考习惯，那就是这些新闻或信息能够对自己或者客户产生哪些影响。

例如，当看到一个与客户相关的商品出现了降价时，我们首先想到的是该商品是通过降价、促销等手段增加销售额。但我们还可以继续深入思考并试着挖掘其他的可能性，比如，这一类商品由于降价而导致其在市场上的地位、作用正出现逐渐减弱的局面。

因此，可以建议客户把该商品的经营资源转移到其他商品上。这样，我们就会发现，该商品的价格下降对其他商品而言是一件好事，也就是有利于增长其他新商品的市场份额。

通过这种自我思考式的思维方式的长时间训练，我们就可以在遇到问题时不慌乱；在解决问题时也能够做到，不但要关注当前发生的问题，而且还能把握信息中存在的众多可能性，并有预见性地发掘市场的长远发展。这通常也是麦肯锡公司解决客户问题的价值所在。

我们除了要从一些新闻或是科技信息中挖掘出事物发展的可能性以外，还应该对某一个问题进行多方面、多角度的分析，然后得出多种看法。如果我们通过长时间的训练形成了这种好的习惯或思维方式，那么在企业面临问题时我们就会以一种更加从容的方式解决问题。

Note

Note

以对方的立场，验证自己的逻辑

> 要想改变自以为是的坏毛病，最好的方法就是先站在对方的立场，然后再检验自己主张的逻辑或论述是否正确。
>
> ——麦肯锡公司咨询顾问　高杉尚孝

掌握逻辑思考的能力，会为我们添加一副“明察秋毫”的眼镜，我们也可以借此用批判性的眼光对事物进行深度理解。但如果过分强调逻辑思考的重要性，就会让我们忽略如何检验自己的逻辑思维，这关系到我们用逻辑思考推导出来的方案，是否正确和能否服众。

对于如何检验逻辑思考的正确性，麦肯锡公司的做法是，当我们用逻辑思考提出假设之后，必须要客观地审视自己的假设，也就是站在对方的立场上或者是从对方的角度上思考问题，以确定自己的论述和观点被对方所理解和接受。具体来说，可以按照下列方法验证逻辑思考的正确性。

采用“后设认知”的方法审视自己的逻辑

什么是“后设认知”？简单地说，后设认知就是对自己的认知过程进行自我反省以及自我调适。而在心理学的领域，“后设认知”指的是从高处向下俯视自己逻辑思考的方式。

通常情况下，我们在分析、论证自己的逻辑时，如果没有明确设定信息的传达对象，就会造成我们总是站在自己的立场上检验和分析情况。

为此，麦肯锡公司的做法是对自己的逻辑进行假设性的审视，比如当准备解释某件事情的逻辑时，我们应该不断询问自己：假设的前提是否充分、准确，依据是什么？这种层层推进的思考方式，可以检验我们逻辑思考的准确性。

二战以后，美国的三大汽车公司通用、福特和克莱斯勒都

Note

Note

以工作效率高著称，但后来日本汽车公司逐渐兴起，他们以超高的运作效率逐渐赶上并超过了美国汽车公司。这让美国通用汽车公司的管理者深感不安，他们通过麦肯锡公司，对日本的很多家汽车公司进行了十分详细的调查，最后得知：目前，落后于日本汽车公司主要是由于自身公司的生产绩效低下，而且已经落后于日本汽车公司的生产绩效很多了。

为此，通用公司的管理者提出了一个让员工全力提高生产效率的计划。但公司的很多生产人员却不认同管理者的计划，他们根本不相信日本汽车公司的生产效率，能够达到通用汽车公司的数倍之多。因此，生产人员全都提出了反对意见，认为管理者是在故意为难他们。

于是，管理者就按照麦肯锡公司的建议，站在对方的立场上考虑，验证他们提出的观点是正确的。他们立刻组织一些生产人员，前往日本汽车公司的生产线进行参观、考察。

这些生产人员经过实地考察，发现日本汽车公司的生产效率的确非常高，如果他们再不努力提高自己的生产效率，就可能被生产“极为高效”的日本汽车公司淘汰。最终，他们全都心甘情愿地接受了公司安排的生产计划。

从这个案例中不难得出，在某种情况下，当我们提出的主张，虽然已经经过了非常严格的逻辑检验，但对方仍然有所怀疑时，我们就应该尽可能地让对方看到真实的客观情况，这样不但能让对方心服口服，而且也会让自身的逻辑思考变得更加严谨、更有说服力。

Note

树立精益求精、永无止境的逻辑思考意识

麦肯锡的咨询管理顾问，必须在很短的时间内，经过非常严谨的逻辑分析，找到为客户解决问题的最佳答案。在麦肯锡公司看来，追求问题解决方案的逻辑性应该是永无止境的。逻辑分析过程主要包含如下3个步骤。

1. 提出假设。收集信息之后提出假设。

2. 精益求精。审查假设与结论之间是否有正确的关联。

3. 反复论证。对自己的假设，要从不同的角度反复进行验证。

只有这样做，我们得出的解决问题的结论才会科学、严谨，提出的解决方案才能令人信服。

Note

如何拓展自己的逻辑思维

> 人类往往是比较懒惰的，当用脑的方法形成了模式化以后，我们就很难再用其他方法刺激和改变自己的思维方式了。
>
> ——麦肯锡公司欧洲区主席　赫伯特·亨茨勒

在工作和生活中，我们总能发现很多被称为“死脑筋”的人。其实“死脑筋”在哲学上只是一个应用“逻辑思维”的问题，也就是说，人的脑筋是“死”还是“活”，主要是思维灵活程度的问题。而麦肯锡公司经常通过训练，拓展员工的逻辑思维。

区分出谈话的事实和意见

在与别人交流时，我们虽然要注意聆听对方所说的话，但不要被对方的话所牵引而导致自己的思路变得模糊不清。为此，麦肯锡为大家分享了一个小技巧，那就是：一边听对方讲述，一边把对方的话分解成事实和意见。

举例来说，当对方说："我们公司的会议是很无聊的，而且时间也会很长。"我们注意在脑海中将对方的话进行事实和意见的分类，并在这个基础上，询问对方为何会有这种感受。

于是，我们即可得到"事实"和"意见"。事实为：大多数的会议内容都是陈述议题，具有创新性的建议或提案却很少。意见则为：前面提到的事实导致会议特别无聊。

这样，我们从与别人的对话中得知：会议时间的长短其实并不是根本问题，问题关键在于未能在会议中进行一些创新性的思考。

但如果我们错误地判断，会议存在"时间过长"的问题，那么解决起来就会朝着缩短会议时间的方向考虑了，而不能发现和解决真正的问题。所以，我们在与对方谈话时，不但要注意倾听，而且还要逐渐培养自己区分事实和意见的习惯。

Note

虽然在训练刚刚开始时，我们可能不会感觉“事实和意见”有特别明显的区别，但我们只要播下了“分解思考”的种子，就会最终收获成功的果实。因为这有助于我们自然而然地形成探究问题本质的思考与判断的习惯，有助于为自己树立一个良好的大局观念。

获得准确判断的关键是要从“疑问”出发

麦肯锡公司，始终都会为我们灌输这种思想，那就是要时时刻刻带着疑问观察事物，并展开思考。实际上，生活中的很多人都没有做到这一点。

比如，当准备购买一台平板电脑时，我们往往就会在工作、生活中不由自主地注意到有关平板电脑的广告，或者是有意无意地查找有关平板电脑的消息。这是我们的本能，通过分析所关注的商品获得更多的信息，并激发一些相应的思维活动。

但这是直接以愿望为导向，并进一步展开思考的。请注意，想要购买一台平板电脑时，如果我们仅凭借愿望，那么思维就不能够正常运转，也不能确定自己是否真正需要平板电脑。

所以，我们在思考时需要把愿望转化成疑问，以便我们能够逐渐形成正确的判断。这个过程也被称为是问题驱动，如果将其说成是从“疑问”出发，则可能会更方便我们理解，也更接近于实际。

因此，无论是在生活还是在工作中，我们都应注意培养自己“一切思考，都要从疑问出发”的习惯，这样，在面对一些复杂的事情时，我们就能够非常容易地做出比较客观的思考和判断。

此外，采取从疑问出发的思考方式，还能够更好地发挥各种思维框架的作用。如果我们心里没有任何疑问，那么在解决问题时即使运用了一些分析框架，可能也不能清晰地确认自己到底希望达到何种目的。

向客户做演示也是这样的，虽然我们经过非常严谨的逻辑思考，而且也经过一些框架式的分析，但如果我们忘记从“疑问出发”，客户就可能会不知所云。

找到疑问的核心

我们在前面提到了要从“疑问”出发，但在具体操作时要特别注意：把“疑问”用一句话概括。

我们仍然以前面提到的准备购买平板电脑为例进行说明，产生的疑问有平板电脑的大小、价格、型号以及是否好用等，但我们从上述疑问中不能分清目前最在意哪个问题。

也就是说，如果我们不能把疑问用一句话概括，那么思维就

Note

会变得比较分散，最终也不能按照得出的结论采取相应的行动。

因此，把疑问变得复杂或者不得要领，就意味着这个疑问没有能够切中问题的实质。换句话说，如果思维非常清晰，那么我们所提出的疑问也会变得简洁有力。

但很多人其实不能做到只用一句话就概括出自己现在的疑问，这时我们就可以继续详细地审视自己的疑问，直到弄清楚哪些是最重要的问题为止。

怎样做才能抓住疑问的核心

前面提到了要用一句话概括出自己的疑问，很多人可能不得要领。但实际上，最简单的方法就是，找到疑问中最关键的部分。

举例来说，当准备拜访客户时，我们就要带着疑问进行思考：在客户方面，自己有哪些至关重要的问题。这样，我们就能够逐渐抓住疑问的核心。因为只有抓住了疑问的核心问题，我们才能在拜访客户时把握问题的关键，以便顺利完成拜访客户并达到期望的目的。

此外，为了抓住疑问的核心问题，还可以采用一种比较有效的训练方法，那就是经常在自己的头脑中尝试着提出问题：怎样才能把所读书本的内容，只用一句话就概括出来。

我们只要抓住了疑问的核心问题，就能够提出更多更好的问题。比如在工作中，当抓住了客户的核心问题时，我们就能够掌握解决客户难题的方法。

找到抓住疑问核心的高质量问题

为了能够抓住疑问的核心，我们就必须提出高质量的问题。但高质量的问题是如何被提出的呢？其实，如果场合不同，则高质量问题的定义也会有所不同，但我们应该首先尝试用学习的态度与对方交流。

但如果在开始时就已经认定了事情肯定会是这个样子的，而接下来又继续按照自己希望得到的回答提出问题，那么就不能真正接近疑问的核心。

如果我们带着学习的态度，站在对方的角度提出疑问，那么前面遗漏的事项以及新的关键词就会不断地浮现出来。

此外，如果我们能够通过向对方询问，重新认识到事情的重要性，就会与对方产生亲密感和信赖感，并且逐渐把他们视为工作或者解决问题的伙伴，从而更希望也会更加积极地同他们交流相关的信息。这样，我们不仅可以抓住疑问的核心，还可以从对方那里得到一些更高价值的信息。

Note

Note

培养逻辑思考的能力

逻辑思考，是以最简单的方式向对方表达思想的一种能力，也就是把思考以最合适、最简单、最易懂的形式呈现出来。

——麦肯锡日本分公司咨询顾问　大岛祥誉

在麦肯锡公司，逻辑思考是每一位咨询顾问必须具备的关键能力。简单地说，逻辑思考就是在处理事情上迅速抓住重点、分清层次，而且能够清晰地表达自己的观点，这看起来似乎并不难，但想要掌握这项技能就必须用一定的时间和精力进行训练。

麦肯锡的咨询顾问，都在使用逻辑思考法进行资料整理、案例分析以及战略制定等工作。而且我们还会发现，在工作中遇到一些诸如企划、报告、项目计划、提案时，他们能够立即写出；当回答问题或演讲时，他们也都可以非常流畅地表达自己的想法和观点。

下面为大家介绍的“A4纸笔记法”，就是类似于大纲类的一种思维导图法，可以培养、加强我们逻辑思考的能力。

A4纸笔记法的具体做法

1. 把A4纸横放，在每张纸上面都要写一个主题，每页写4～6行即可，每行20～30字。

2. 每张纸的书写速度要控制在1分钟以内，以每天写10页为宜。也就是，每天要花费10分钟左右的时间，手写工作笔记。

A4纸笔记法的作用和效果

1. 在每天做笔记的过程中，快速地整理自己的大脑和情感，并理清比较杂乱的头绪。

2. 只要坚持每天记笔记1个月，就会感觉语言越来越丰

Note

Note

富，想法也会不断涌现，而且在做笔记前，就会想好应该如何表达，甚至动笔的速度都已经没有大脑的运转速度快了。

3. 坚持每天记笔记几个月后，我们不但可以做到在宏观上瞬间客观地看待问题，而且逐渐接近“零秒思考”的能力，甚至还能根据不同情况瞬间抓住问题的本质和关键，并进行整理。

A4纸笔记法的书写原则

1. 在写标题及正文时，先不要思考过多。只要是想到的事，无论是什么就都先写下来。

2. 严格坚持每页1分钟的书写习惯，这样做会让你养成不拖延的习惯。

3. 用A4纸记笔记，是最快、最方便的方法，因此千万不要用笔记本、日记本、电脑等工具。

4. A4纸要随身准备好，以便自己可以在任何地方写。为了节省纸张，我们也可以把一页纸折成3段。

5. 如果有时间，则可以把写好的4～6行的笔记内容作为正文的标题，然后再继续深入，而且同一标题还能够以不同的角度来写，以便扩展自己处理问题的视野。

6. 笔记完成以后，还可以将其像扑克牌一样摆弄，有了

Note

新想法时还可以继续补充、整理。

7. 对于内容，可以随便写，但要把最原始的感受写下来。另外，也不要想得过于复杂，而且笔记的构成、格式、遣词造句等也不需要过多考虑。

A4纸笔记的整理

1. 可以用透明的文件夹统一整理，并按照不同的分类标记。通常每隔3个月就整理1次，然后再重读1次笔记。

2. 也可以使用印象笔记、有道笔记等电子方式存储笔记，可以用手机直接拍照，然后再为笔记添加相关的标签，这样在使用时搜索一下即可，不但便于我们随时查阅，而且效率会很高。

很多人总是思考各种各样的问题，但由于缺少逻辑思考，就显得犹豫不决，看起来像是在原地兜圈子，因此，我们要培养自己的逻辑思考能力。

如果我们用A4纸笔记法训练，每天都花费10分钟完成10页A4纸的笔记，那么，最终我们使用逻辑思考解决问题的能力就会大大提高。

不过有些人可能会认为，如果我不记笔记而是把所想的事情停留在自己的脑海里，而且每天想，就会思考更多的事情。

Note

实际并非如此。因为我们每天想出10个新的问题，可能并不是一件非常容易的事情。

但应注意的是，我们在做笔记时必须要用手写，千万不要用手机的“App软件”或者电脑里的电子文档，因为这是有本质的区别的。

我们现在就可以找一张普通的A4纸，花1分钟的时间尝试一下。在刚开始时，这样做可能会比较难，但我们只要多写几次并每天坚持，很快你就会发现，我们的逻辑思考能力提高了很多。

第四章
如何推介解决方案

麦肯锡公司从来不做推销而只做营销，那就是始终为客户提出一揽子可以确保解决问题的成功方案，这样可以为公司带来持续不断的业务。而且麦肯锡公司总能在合适的时间出现，并与合适的客户一起合作，共同解决问题。

——麦肯锡公司咨询顾问　艾森·拉塞尔

金字塔原理概述

Note

> 金字塔原理，强调的是一种突出重点、思维清晰、主次分明的逻辑思考能力。基本结构是结论先行、以上统下、归类分组、逻辑递进，而且中心思想明确。
>
> ——麦肯锡首位女性咨询顾问　芭芭拉·明托

运用金字塔原理，需要我们关注和挖掘客户的意图、需求、利益点以及关注点等方面的要求，并掌握所要表达的思想的标准结构。这样，我们就能够让客户对我们表达的思想产生兴趣，也能够使客户更容易理解、接受并记忆我们的思想。

Note

金字塔原理的原则

1. 结论先行，且上一层观点应是对下一层观点的简单概括。其实这也是很多人对金字塔原理的第一印象，也就是首先要表明自己的核心观点，然后再层层递进，即一层一层地向下分别阐述自己的论点。

举例来说，我们先表明观点：要取消原计划中对新产品的研发。如果客户看到了这个论述，他就一定会为此产生疑问，并急于找出其中的原因。这样，论点就进入下面所提到的纵向逻辑的过程。

2. 纵向逻辑，既是一个疑问，又是一个解答的过程。通常我们为了解答客户脑海中产生的疑问，需要立即给出相应的理由。例如，如果要取消新产品的研发，则我们可以从以下4个层次进行分析。

（1）竞争对手的竞争。

（2）公司自身的现状。

（3）销售渠道的考虑。

（4）客户的接受程度。

通过这4个层面对上一层的“取消新产品研发”进行论述，并证明自己的观点是正确的。

3. 前面提到的竞争对手、公司本身、销售渠道和客户，就是我们所说的横向逻辑的4种观点，每组观点必须具有相同的属性，且要保持“完全穷尽，相互独立”的原则。

这4个选项的共同属性，是我们判断企业如何采取战略的基本要素。但我们应注意，它们也只是在现阶段符合战略。这是因为，市场环境的不断变化，很可能会产生影响战略的新要素。

金字塔原理的作用

1. 有效解决问题。我们在解决具体的问题时，可以从下到上收集相关的论据，然后再归纳出解决问题的中心思想。这样，我们就可以一层层地建造起非常坚实的金字塔结构，进而有效地解决问题。

2. 有效管理下属员工。一个富有经验的领导在遇到问题时，可以根据自己的经验提出相应的假设，并按照这些假设罗列3～7个相对应的支持论据。接下来，我们就可以由下属员工证明这些论据的正确性。等到他们收集到相关的信息并提交报告后，我们就可以按照汇总进行排列，如此也可以建造出一个坚实的金字塔结构。如果能够做到这一点，就可以比较轻松而有效地管理下属员工。

Note

3. 与客户交流成果。金字塔结构已经建成，也就等于解决了相关的问题，此时就可以进行交流。在与客户进行交流时，我们依旧要从上到下，也就是从金字塔的塔尖为客户汇报。

构建金字塔结构的自上而下法

1. 画出主题方框，然后在方框内写出主题。
2. 确定主题涉及的主要问题。
3. 写出这些主要问题的解答内容。
4. 说明这些问题涉及的“情境”。
5. 说明这些问题涉及的“冲突”。
6. 要仔细检查主要问题与解答。

构建金字塔结构的自下而上法

我们通常可以按照下列3个主要的过程，“自下而上”地组织我们的思想。

1. 列出我们想要表达的所有思想的要点。
2. 找出各个要点之间的逻辑关系。
3. 得出最终的结论。

金字塔原理之MECE分析法

Note

> MECE分析法指所有重大议题都可以进行不重叠、不遗漏的拆解，然后再按照各个组成结构仔细推敲，最终找到解决问题的方法。
>
> ——麦肯锡首位女性咨询顾问　芭芭拉·明托

MECE（ Mutually Exclusive Collectively Exhaustive ）分析法，是麦肯锡首位女咨询顾问芭芭拉·明托在其《金字塔原理》一书中提出来的。MECE，翻译成中文是“相互独立，完全穷尽”。

Note

MECE是麦肯锡思维过程的一条基本准则

MECE分析法中的“相互独立”，意味着细分问题时是站在同一维度上的，而且还具有明确区分、不可重叠的特征；而其中的“完全穷尽”则意味着全面和周密，即没有任何遗漏。

MECE分析法，简单地说，就是不遗漏、不重叠。但应用MECE分析法把整体划分为不同部分时，还必须保证划分之后的各个部分满足下列要求。

1. 各个部分之间要保证相互独立，即独立性。比如，我们可以把人分为“成年人”和“未成年人”，这就非常符合MECE原则。

2. 所有部分必须完全穷尽，即完整性。比如，把人分为“成年人”和“女性”，在划分上就会出现遗漏，就不符合MECE的原则。

MECE的实施方法

MECE分析法的重点在于，能够帮助分析人员找到所有影响预期效益或者项目目标的关键因素，而且找到其中所有可能的解决办法。这有助于管理者将问题或解决方案进行排序和分析，并从中找到最令人满意的解决方案。

MECE分析法的做法通常有两种。

1. 在确立问题时，可以采用类似鱼骨图的方法，而且要在确立主要问题的基础上，逐级向下进行层层分解，直到找出所有疑问，然后再通过对问题的层层分解，分析出关键问题以及解决问题的初步思路。

2. 结合头脑风暴法，找到项目面临的主要问题，然后在不考虑现有资源有哪些限制条件的基础上，考虑解决该问题的所有可能的方法。但是应注意，在整个过程中，多种方法的相互结合有可能是一个被忽略的新的解决方法。接下来，我们分析各种解决方法所需要的各种资源，再通过分析、比较，从列出的多种方案中找到最现实、最令人满意的一种答案。

MECE分析法的应用详解

MECE分析法用具有条理的思维帮我们理清解决问题的思路，也就是说，MECE的问题解决方案从最高层开始，然后层层递进，罗列出待解决问题的各项要点。

等到确定了这些内容以后，我们就要对它们进行仔细研究。比如，检查每一项内容是否都是独立的，如果符合条件，

Note

Note

那么我们列出的内容就是“相互独立”的；检查问题的每一个方面，是否都是所列内容中的一项（且是唯一），也就是要把所有的一切都想到，如果符合，那么所列内容就是“完全穷尽”的。

下面我们以麦肯锡公司“为客户销售更多的饰品”这一具体项目为例，说明MECE分析法是如何进行具体操作的。

麦肯锡的咨询团队经过仔细调查，决定采用下列方式增加饰品的销售额。

1. 改变方式。改变之前将所有饰品全都交给零售商销售的方式。

2. 改善营销方式。改善之前针对消费者的饰品营销方式。

3. 降低成本。尽可能地降低生产饰品的单位成本。

列出上述清单以后，接下来就要深入讨论细节方面的问题。但也要注意，清单必须符合MECE的要求。

其实，分析事实、创建假设以及证明假设的每一个步骤的思维准则都应该围绕“MECE分析法”这种结构化思维进行。而且MECE分析法能够让我们思考问题的过程变得更加完整、更富有条理。

但我们必须清楚，“结构”并不是“解构”，结构化的思维也并不意味着，我们可以对问题进行机械、简单、片面地

Note

“肢解”。在具体的操作中，很多问题通常都会相互纠缠、纵横交叠在一起，此时，MECE分析法这种结构化的思维能够帮助我们理清头绪，但并不否认事物之间的相互联系。

此外，每个部分的划分方法与它们之间的联系也并不都是绝对的，只有反复、仔细的推敲，才能最终得到符合客户需求的结构。

Note

如何写出金字塔式的文案

金字塔式文案的主要特点是：先重要，后次要；先全局，后细节；先结论，后原因；先结果，后过程。

——麦肯锡首位女性咨询顾问　芭芭拉·明托

我们知道，要想建造一座好房子，首先应该画好设计图，然后再开始建造。而制作一份优秀的金字塔式文案，也是如此。麦肯锡公司的咨询管理顾问经常制作的金字塔结构的文案就是效果很好的文案设计图。

Note

金字塔式文案的优点

如果客户通过阅读文案了解我们所表达的看法，那么他就必须阅读并理解文案中的每一句话。另外，客户还要把每一句话都进行关联，最终才能懂得我们所要表达的观点。

如果我们的文案结构是呈金字塔式的，而且思路是从金字塔的顶部开始，然后逐渐向下展开，那么客户就会非常容易理解我们的观点。

这是因为我们的大脑具有以下特点。

1. 大脑会把信息自动归到金字塔结构的不同分组中，这样便于我们理解。

2. 所有预先归到金字塔结构中的思想，都更加易于我们理解。

3. 在视觉上，整体的逻辑结构具有一种俯瞰的视觉效果，便于我们确认相关的细节。

4. 便于我们列出每个层级之间的信息，而且每个层级还具有统一性。

金字塔结构的种类

在麦肯锡公司，可以有意地将所表达的思想，组织成具有金字塔式结构的文书。在结构划分上，金字塔结构有并列型和直列型两种形式。

1. 并列型金字塔。在并列型金字塔的结构中，通常下层信息之间是相互独立的，而且支撑着上层信息。其特征是：任何一个下层信息都与上层信息有直接的关系，并且纵向关系较强，横向关系较弱。具体结构如图2所示。

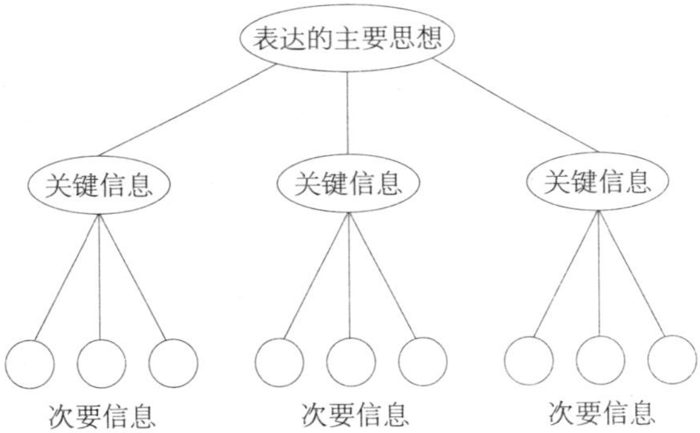

图2　并列型金字塔的具体结构

通过纵向联系，可以更好地吸引客户的注意力，并且建立起一种疑问及解答式的对话，使得客户带着更浓的兴趣理解我们的思维。

另外，纵向联系还能够让客户跟随我们的思想脉络，得到一些符合逻辑的解答。比如，这种难题为什么能够得到解决？

解决问题的思路有哪些?

2. 直列型金字塔。在直列型金字塔的结构中,通常下层信息之间的横向关系比较强,而且有比较强烈的序列关系。其特征是:只有最右边的下层关系与上层关系之间存在直接联系。

横向联系比较强的结构,可以让我们的多个思维以归理或者演绎的方式,解答客户的各种疑问。此外,子主题可以解答上一个结构层次所引发的疑问,但要保证表述符合逻辑。其具体结构如图3所示。

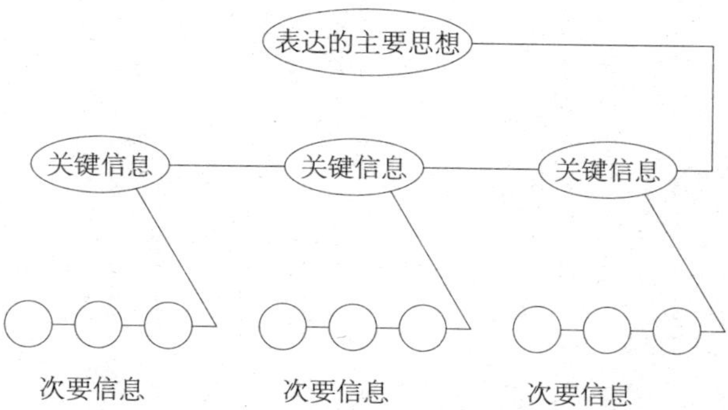

图3 直列型金字塔的具体结构

金字塔文案的具体写法

通常情况下,金字塔结构首先要有一个总体思想,并由总体思想向下统领多组思想。各个思想之间的联系方式,既可以

Note

表现为纵向，也就是任何一个层次上的思想都是对它下面一个层次上思想的总结；又可以表现为横向，也就是多个思想是由共同组成的同一个逻辑的推断式，而且是被并列组织在一起的。

金字塔结构应该先从最顶部开始，然后沿着各个分支向下展开。最顶层表达的是主要思想，这可以让客户对表述产生某种疑问。主要思想再往下的各层次，就需对此疑问做出解答。

因此，通过不间断地进行“疑问”与“解答式”的表述，就容易让客户理解文案中所要表达的思想。

实施头脑风暴法，产生新思维、新方法

Note

> 尽管许多人都认为“头脑风暴”似乎有空谈、吹牛之意，但麦肯锡公司在很多具体工作中，都会事先召开头脑风暴会议，而且通过这些会议取得了非常好的效果。
>
> ——麦肯锡公司咨询顾问　艾森·拉塞尔

头脑风暴法又称智力激励法，是一种激发创造性思维的方法。麦肯锡公司通常是以举行小型会议的形式，让参与者在非常自由、畅所欲言的氛围中，自由交换他们的想法或点

Note

子。头脑风暴法可以激发参与者的创意和灵感，并在相互碰撞中激起大脑的创造性“风暴”。

了解麦肯锡的头脑风暴

头脑风暴是麦肯锡公司进行战略咨询的一个关键步骤，往往也是客户真正舍得花钱购买的东西，还是麦肯锡公司用来解决日常商业问题的重要方式。

麦肯锡公司在具体的实践中，为客户提供了一种不局限于“本公司思路”的新的思路或方法，即不能在企业内部解决客户的问题时，采取头脑风暴。

不过，在初次召开头脑风暴前，麦肯锡的项目顾问必须要做“家庭作业”，也就是收集大量的信息并提出各种假设。顾问聚在一起后，就要对基于基本研究收集到的“事实材料”进行分类。

接下来，项目经理或项目主管，甚至一些更高级的咨询顾问，还要负责提出团队将要进行破坏性检验的最初假设。通常情况下，麦肯锡的项目团队至少要用两个小时召开头脑风暴会议。

麦肯锡经常把头脑风暴当成鲁毕克魔方，并将每一个事实看作小立方体的一个面。这样，只要把这些面不断进行旋转就可得出答案，或者得出其中的一种答案。

Note

法国一家生产电器的企业面临非常激烈的市场竞争。为此，企业负责人在自己的公司成立了一个“头脑风暴”小组，成员共有10多个人。随后，负责人把他们安排到了一个偏远的小旅馆里，使他们能够避免外来干扰。

第一天的训练是相互认识，并使关系逐渐融洽。虽然有些人对这个安排感到惊讶，但还是迅速地进入了角色。第二天安排的是创造力的训练，并采用了头脑风暴法。他们需要解决问题：发明一种具有独特新功能的电器并为这个新产品命名。

大家经过了两个多小时的热烈讨论，最终为新产品取了300多个名字，负责人暂时把所有的名字保存起来。第三天，负责人就让大家凭借自己的记忆，默写第二天提出的那些有印象的名字。

结果，大家能够记住的名字只有20多个。在这之后，负责人从那20多个名字中又筛选出了3个比较认可的名字，最后又征求客户的意见，让客户从这3个名字中确定1个。

最终，新产品一上市，就凭借让人回味的名字和新颖的功能而深受用户喜爱，新产品因此大获成功。

Note

头脑风暴法的基本操作程序

1. 准备阶段，包括确定会议的人数、时间地点等。

2. 热身阶段，目的是创造一种自由、宽松的氛围，让大家更轻松地导入会议议题。

3. 明确相关问题。

4. 记录每一位参与者的思路。

5. 参与者的畅谈阶段。

6. 提出各自假设并对其进行论证，使得假设能够解决问题。

头脑风暴的练习

麦肯锡成功实施头脑风暴的关键因素是做好充分的准备，并拥有一个合理的思维框架。以下这些练习往往会帮助我们在头脑风暴讨论会中取得一个良好的开端。

1. 公布意见的练习。我们要为每一位参与者提供一本带黏性的便笺纸，并让他们把想到的任何主意都写到便签上，接下来交给负责人，然后由负责人读给大家听。用这种方法可以迅速积累大量建议，而且还能够避免每提出一个建议时，大家就开始进行一场纠缠不休的讨论。

2. 发泄练习。将所有的参与者邀请到一间大会议室中，然后一起讨论客户进行变革的各种选择方案；接下来，我们要求参与者将方案中不喜欢的内容全都讲出来，并让他们尽情地发泄；等到发泄过后，可以让他们提出一些做得好的方案，或者是在企业部门能够实施的一些方法。

这个练习有两种作用：一种是能够提出出色方案；另一种是有助于让那些之前持有怀疑态度的管理团队，接受麦肯锡提出的解决办法。

以上练习能够让头脑风暴的会议变得活跃，并取得非常好的效果。

Note

Note

头脑风暴法的实施准则

麦肯锡公司实施头脑风暴的目的，就是要为客户创造一种新观点和新想法。

——麦肯锡公司咨询顾问　艾森·拉塞尔

麦肯锡项目团队的人员进入头脑风暴会议室后，一方面要陈述所了解的事实，另一方面还要找到解决问题的新方法。

头脑风暴前的准备工作

要想有效实施头脑风暴，首先要进行一些艰苦的准备工

Note

作。这是因为，在“真空”的状态下，你不可能进行一场成功的头脑风暴。因此，在开会前，必须要对待解决的问题有所了解，千万不要指望在毫无准备的情况下就会产生灵感。

无论你是身居领导之位还是仅为一名普通的参与者，在召开头脑风暴会议时，麦肯锡公司都会为你准备其中的一套方法。

完成了对所要解决问题的研究工作，接下来就要确保团队中的其他成员都了解你所了解的内容，也就是把你的研究成果整理成麦肯锡公司称为的“整理好的事实”。如果你是一位项目负责人，则应确保团队中的所有成员将他们的研究成果整理好。

一般情况下，整理事实相对容易一些。因为它不要求详细的结构，只要我们动一点儿脑子即可，也就是将一些比较重要的内容用自己的方式表达出来就可以了。

团队的所有成员“整理好事实”，那么在畅所欲言、产生思想之时，大家就能够拥有同样的知识基础。

在美国的北方，每当寒冬季节，经常大雪纷飞，容易让电线上面积满冰雪并把电线压断，这就会导致通信线路瘫痪。曾经有多家企业试图解决这个难题，但都没有成功。后来，一家电信公司的负责人，尝试采用头脑风暴法解决这个难题。

负责人召开了由不同专业技术人员参加的头脑风暴会议，很快他们就七嘴八舌地议论起来。比如，设计一种专用的电线清雪机；用电加热的方式使冰雪融化；采用振荡技术清除电线上面的积雪；甚至还有人提出，乘坐直升机，然后在飞机上面用大扫帚清扫积雪。

很多人认为“直升机扫雪”的想法有点儿滑稽、可笑，而一位工程师听到这个想法后却得到了灵感。他为此设想：直升机可以沿着积雪严重的电线飞行，然后依靠高速旋转的螺旋桨就扇落电线上的积雪。

这个想法一经提出，立刻就引起了其他工程师的联想，很快，与会的10多名技术人员总共提出了90多条新设想。

头脑风暴结束以后，公司很快就组织了专家对设想进行分类论证。专家们一致认为，“坐飞机扫雪”是一个非常大胆的新方案，既简单又高效。后来，经过现场验证，利用直升机的螺旋桨扇雪的效果非常好。

一个困扰很久的社会性难题，终于在头脑风暴的会议中得到了十分巧妙的解决。

头脑风暴法应遵守的原则

1. 庭外判决原则，也称延迟评判原则。每个人的各种意见和方案，必须要在最后阶段才可以做出评判。

2. 各抒己见的原则。调动每一位参与者的主观能动性，并始终营造一种自由、活跃的氛围，激发参与者提出各种想法，甚至是一些荒诞的想法，这是头脑风暴法的关键。

3. 追求数量的原则。参与者提出的意见越多，产生好意见的可能性就越大，这是获取创造性新方法的基础条件。

4. 取长补短、综合改善的原则。积极鼓励参加者对他人提出的设想，进行互相启发、补充、改善与综合，从而对设想进行不断的完善。

5. 求异创新的原则。对于任何人的任何一种设想，记录人员都要认真对待，并完整地将其记录下来。

6. 独立思考的原则。不允许参与者进行私下交谈，以免干扰他人的思维。

7. 追求整体的原则。在头脑风暴中，不能强调个人的成绩，而要以小组的整体利益为重，并创造一个民主的环境。另外，绝对不能以多数人的意见阻碍个人产生新观点。

8. 一律平等的原则。无论是该领域的专家、学者、员工，还是这个领域的外行、门外汉，所有的参与者都是平等的。

Note

Note

让头脑风暴更为有效的方法

> 麦肯锡公司的头脑风暴，从会议室的白板开始。也就是要把旧有的观点抛在门外，找到审视它们的新想法。
>
> ——麦肯锡公司咨询顾问　艾森·拉塞尔

头脑风暴的情景就是一群人能够更自由地思考，并围绕一个特定领域集思广益，最终产生很多新观点。但为了使头脑风暴更加有效，就需要很多方法和技巧。

Note

头脑风暴会议使用的工具

当目标和环境都已经准备好后，我们就要开始准备工具。通常情况下，为了更好地进行头脑风暴，最大限度地发挥大脑的创造能力，我们就需要更多得心应手的工具。

1. 便笺和笔。身边随时准备便笺和笔是非常必要的，因为我们不会知道那些绝妙的创意会在何时出现。

2. 素描本。有时候创意是不能够通过文字准确表达出来的，此时图表和图画就能够更清楚地记录下你的创意。

3. 录音机。我们可以使用录音机记录一些即时创意，这是因为人的思考速度远比书写速度或者打字速度快。因此，用录音机记录创意也是一个很好的方法。

4. 照相机或录像机。这些影像可以完整、准确地记录下灵感与创造力产生的整个过程。

5. 公告板。公告板可以随时记录每个人的创意及想法，并把创意的产生过程清晰地反映出来。此外，公告板上还可以放置一些相关的照片、图表、报纸以及文章等，我们在产生创意的过程中，使用板上的东西作为“刺激性”的物品激发灵感。

Note

头脑风暴需要一位出色的舵手

从前面我们已经得知，麦肯锡的头脑风暴比较重视个人的言论，轻视领导的权威；也极为崇尚偶然之间产生的联想，而且杜绝那些事先进行的精密策划。

但仅凭这些还远远不够，由于举行头脑风暴会议的整个过程中特别强调言论的自由，使得头脑风暴的会议室就好像是一艘方向盘极为灵敏的船只，如果稍有不慎，就会偏离原本正确的航向，这就需要一位强有力的舵手掌控全局，随时控制船只，使其不偏离方向，让头脑风暴能够有效进行。

因此，能够引领大家进行头脑风暴的人，一定要有非常出色的能力和丰富的经验，并且能清晰地理解会议的目标，掌握头脑风暴的原则，营造合适的氛围，善于引导大家思考以及踊跃发表自己的观点。换句话说，必须要控制好整个会议的进程。

在洗衣机诞生以前，我们都是用传统的手工方法洗衣服的。李白曾有诗曰："长安一片月，万户捣衣声。"这种使用木棒敲打的捣衣法，几乎使用了数千年，直到洗衣机的出现，我们洗衣服的方法才发生了巨大的改变。

Note

但大家可能不知道，洗衣机的诞生，其实就来源于一次头脑风暴的会议，也就是说洗衣机也是头脑风暴法的产物。

我们都知道，洗衣服的主要原理是通过旋转将衣服上的污物与衣服分离。但发明洗衣机前根本没有现成的模式，也没有什么思路，那么应该从哪里入手呢?

为了能够让思路变得更加开阔，主持人在会议开始时没有要求大家讨论怎么洗衣服，而要求大家讨论如何让物体与物体分离。

于是有人立即说，轮船驶离码头，轮船与码头之间就分离了；也有人说，流水可以冲走砂粒，留下更重的石子。有人听到这里，很快就得到了启发，立刻提出了水在旋转时，会产生漩涡把物体漩进中间。

接下来又有人提出，如果使用化学洗涤剂，就会把油脂从物体的表面去掉，油脂与物体便会分离。就这样，思想的火花越碰撞越多；思想的泉水也就越涌越多；而好主意也接踵而来。记录人迅速记录下了这些突然爆发出来的新思想。

在这次头脑风暴中，会议参与者总共提出了多达100种各式各样的分离办法。会议主持者从中选出了几种非常实用、可行的方法。现代洗衣机的雏形，就这样在一次很普通的头脑风暴的会议中诞生了。

Note

从这个案例中我们可以得知，一个人的智慧是远远不够用的，只有集体的智慧才是无穷无尽的。集体的大脑是我们的智慧库、思想库。

众多人智慧的碰撞就好像是催化剂一样，能够引发大脑思维的连锁反应，甚至还会催生出一项项成功的发明与创造。

第五章
如何带领团队完成合作

在麦肯锡公司，你决不会独自工作，而且让一个人独自解决一个复杂的项目问题也是不现实的，也无法满足麦肯锡公司对客户服务的高标准和严要求。每个人都是团队中的一员，无论是在前台负责咨询工作，还是在后台制定决策，公司的所有事情都是由团队共同完成的。

——麦肯锡公司咨询顾问　艾森·拉塞尔

优秀团队的基本要素

Note

好的工作团队的人数都不会很多。如果团队的成员比较多，就会妨碍相互之间的交流和探讨，而且也很难形成团队的信赖感和凝聚力。

——麦肯锡公司资深合伙人　罗勃·洛威茨

如今，专业化、社会化的分工变得越来越细，单枪匹马独自打天下的时代，早已一去不复返，这就需要把个人融入团队的智慧当中。麦肯锡这样高效的项目团队，就好像是一支成功的足球队，成员各司其职、密切配合，最终才能发挥

Note

强大的整体实力。

优秀团队基本要素之一：成员为数不多

尽管数量很多的人群，也能够组成一个庞大的团队，但实际上，这个团队很可能继续分出一些下级团队，而未能作为一个整体团队发挥作用。如果团队的人数较多，那么相互之间就很难达成共识，配合起来也会出现很多问题。

一个成员为数不多的优秀团队应该具备如下特征。

1. 是否经常召开所有团队成员都参加的会议。

2. 所有团队成员是否都能很容易而且频繁地进行交流、沟通。

3. 所有团队成员是否都能以诚相待，并且喜欢一起配合做事情。

4. 所有团队成员是否都非常清楚其他人的作用与具有的技能。

优秀团队基本要素之二：互补技能

团队中成员的每一项技能，都是为了完成团队目标，而且是可以互补的。这些技能通常被分成以下 3 种类型。

1. 专家建议或意见，比如，技术性或职能性的专家建议或意见。

2. 解决问题的技能或决策能力。

3. 善于交往的技能。

这几类技能的特点如下所述。

1. 这3种类型的技能，无论是实际的还是潜在的，都能够反映团队成员的资格。

2. 团队中的所有成员能否将这3类技能的水平提高到团队未来目标所要求的水平。

3. 有无出现对团队的业绩非常重要的技能被漏掉或者被低估的情况。

4. 从个人或者从集体的角度考虑，团队成员能否舍得花费时间帮助团队的其他成员学习及发展技能。

5. 在团队有需要的时候，是否可以培养一些新技能。

优秀团队基本要素之三：拥有共同的目标

团队要想拥有共同的目标，就必须具备下列条件。

1. 只有具有共同且有意义的目标，才能确定团队共同奋斗的方向。

2. 具体的业绩目标是整体目标的一部分。

3. 结合前面两条，对团队贡献的业绩非常重要。

Note

Note

具体特点如下所述。

1. 这个目标是否比近期的目标要大，是否更加广泛、更加深刻。

2. 这个目标是否独立于更大组织的目标。

3. 团队的每个成员，是否按照相同方式了解团队的目标。

4. 团队所有成员是否经常提到目标，并对目标的含义进行开拓。

5. 这个目标是否涵盖了有意义且令人激动的主题。

6. 即使目标不是很令人激动，团队所有成员是否也认为此目标依然非常重要。

优秀团队基本要素之四：共同的工作方法

优秀团队采用共同工作方法的核心，就在于在工作中如何将个人技能与提高团队业绩联系起来，并达成共识。具体特点如下所述。

1. 团队成员使用的工作方法是否明确且具体，我们是否理解并接受这种工作方法以及是否能够实现我们的目标。

2. 这种工作方法能否增加团队所有成员的技能。

3. 这种工作方法能否要求团队中每个成员对实际工作做出相同的贡献。

4. 这种工作方法能否就事论事地解决问题。

5. 团队每个成员是否都能用同样的方式说明这种工作方法。

6. 这种工作方法能否随时进行一定的修正与改进。

优秀团队基本要素之五：相互承担责任

团队还要承担相应的责任。

1. 相互承担责任，可用以检验团队的目标以及方法是否合适。

2. 团队每个成员是否都愿意为团队的目标和方法等承担责任。

3. 团队每个成员能否根据具体的目标衡量自己所取得的进步。

4. 团队每个成员是否都会感到对衡量指标负有相应的责任。

5. 团队每个成员是否都明确哪些是个人责任，哪些是共同责任。

6. 是否存在“团队最终会失败”这种感觉。

Note

Note

合理选拔团队成员

在麦肯锡公司，项目经理要想成功解决客户提出的各种疑难问题，就必须谨慎选择自己的团队，对公司现有人员进行最合理的组合。

——麦肯锡公司咨询顾问　艾森·拉塞尔

麦肯锡十分信赖项目团队，因为团队组合是解决客户问题的最好方法。作为麦肯锡公司的一个项目经理，如何合理地选拔团队的成员，又如何组织一支高效能的团队呢？

Note

合理选拔团队成员的方法

要想成功地解决客户的商业问题，就要仔细、合理地挑选自己的团队成员，建立最佳的人员组合。下面介绍一些具体的思路和方法。

1. 目标导向。为项目团队合理地选拔成员，团队人数以3～4人为宜。

2. 选拔思路。我们不可能随机找出几个人，然后随便组合起来就希望他们具备解决问题的实力。因此，我们需要这样考虑，具备哪种技能和个性的成员，才能在项目中与大家很好地配合。

3. 事实依据。选拔最合适的团队成员的标准要按照客户问题的不同而有所区别。

4. 举例分析。当需要做大量的分析，比如，有海量的数据和堆积如山的复杂资料等待我们判断时，就需要选择两三个在数据计算和统计方面具有丰富经验的人，此时我们就不需要再考虑，他们是否有一些会影响到团队的坏习惯了。当处理大型的组织架构重组的项目时，就需要做出很多非常敏感的决定，此时我们选择团队成员的标准是，擅长人际交往且具有实施变革的经验和影响力。这样的人才，是非常适合进入我们团

Note

队的。

此外，在一些潜在的成员进入团队前，我们要与其进行谈话，判断他们是否符合团队成员的标准。在麦肯锡公司，当一个项目刚刚开始时，项目经理或主管会从人力资源库中选择人员进入团队。此时，办公室经理会给他们提供一个清单，上面列出了每一位咨询顾问的详细经历，并按照他们的分析能力、管理技能等进行排序。

但需要注意的是，项目经理必须要与这些潜在的团队成员进行面谈，以便更好地了解他们。

如何增强团队的凝聚力

1. 在一起工作时，团队成员之间要和谐相处、积极合作。

2. 要让团队中的每名成员都感觉到自己以及自己的想法能得到尊重。

3. 经常开展团队活动，让团队成员之间相处得更好。因此，作为项目经理，应该努力开展团队活动，但应注意，活动不应枯燥乏味。

另外，还可以组织团队的“家属们”参与到联系活动中，以便他们了解团队成员的实际工作，而且有利于我们进一步了解团队中的成员。团队聚餐最适合的时间是中午。这样安排聚餐时间的目的是尊重团队成员的私人生活，以便他们把时间节省下来与家人一起度过。

4．一些具体的团队活动。可以去当地最好的餐厅聚餐；去看一场演出或体育比赛；到某一个地方度周末。

保持团队士气旺盛的秘诀

保持团队士气旺盛是非常重要的，否则，团队的表现就会随着士气低落而变得不佳。而且，我们还要意识到，保持团队的士气要始终如一，这是区分一名优秀的项目经理与一名普通的项目经理的标准之一。

下面介绍一些保持团队士气的具体方法。

1．了解成员。经常了解团队中的成员对自己的工作是否满意；询问和解答团队成员在工作中遇到的困惑。在工作过程中，如果他们感到不愉快，项目经理就要立刻采取补救的措施。

2．让团队成员时刻清楚项目的整体进程。如果团队成员对项目的进展情况非常模糊，他们就会感到困惑，甚至导致士气低落。

3．让团队成员清楚为客户解决问题这项工作的价值，有助于提升他们的士气。

Note

Note

4. 人性化地了解团队成员。比如，了解一些他们的家庭、兴趣爱好等，这是增强团队凝聚力、提升士气的好方法。

5. 让团队成员了解客户公司的“派系”。当他们遇到“问题不好解决，客户难以取悦”之类的困难时，这有助于提升他们解决问题的信心。

团队的内部沟通

Note

> 信息对一个团队沟通的意义，就好像是汽油与汽车引擎之间的关系一样。如果团队内部出现了信息阻碍，也就意味着汽车缺少了汽油，肯定会停滞不前。
>
> ——麦肯锡公司咨询顾问　艾森·拉塞尔

麦肯锡是以团队为基础的咨询公司，其成功的关键就在于沟通。通常沟通有两种方式，自上而下和自下而上。但麦肯锡公司经过多年经验的积累，形成了很多管理内部沟通的有效方法，这些方法很值得我们借鉴并加以采用。

Note

让有效信息流动起来

想要团队变得更有效率，就应保持内部信息通畅，通常内部交流有会议和传递信息这两种方式。会议是将团队紧密联系在一起的黏合剂，作用是让信息全方位、畅快地流动，并提供某种程度上的社会联系。出席会议可以提醒成员他们是团队的一个组成部分。

下面介绍一些成功举行会议的关键因素。

1. 要确保团队所有成员都参加。为此，可以把团队的内部会议作为每个工作日程中的固定项目。

2. 议程的数量。会议议程的项目，要保持在所需要的最低数量。这样才能确保每个成员都能够掌握团队内部的重要事件、议题以及问题的最新动向。

3. 领导。领导在概括议程时的讲话内容，要尽量精练。频繁开会是没有问题的，但如果时间太长就会起到反作用。

如何确保团队信息通畅

1. 要确保团队成员清楚项目的基本框架，确保他们都在内部的消息圈内。这样有助于团队成员都能了解自己所做工作对未来目标的意义。另外，如果团队成员获得了一些最新的信息，就会在第一时间反馈。有效的信息流动，可以帮助我们更快地找到解决问题的关键或机遇。

2. 要确保团队负责人能够跟上团队的进展。一旦项目脱离了团队负责人的控制，就要立刻让他清楚问题的根源，使得他可以充分利用自己的才能处理问题。

3. 要通过四处走动了解相关信息。那些最有价值的谈话往往是偶遇的结果，也就是我们只要四处走走，与他人闲聊，就可能收获很多有价值的信息。如果团队的所有成员都能这么做，那么我们就能收获更多的信息，并且还能够让团队的信息更通畅。

传递信息的关键因素

无论是电子邮件、备忘录，还是便条、信件，都是对情况的一种说明，也就是把信息传递给受众的手段。高效、有用的信息传递具有简洁、完整和有一定的结构这 3 个特征。在传送的信息中我们只要把握好这 3 个方面，我们的信息就容易被人理解。

1. 简洁。在说与写之前，我们先要进行思考，然后把信息缩减成受众须知的三四个要点。这是很多成功商界人士的一种基本技能。麦肯锡公司的咨询顾问进行交流时，在开口说话

Note

Note

或动手书写前，都要“三思”，然后把想要传递的信息要点列出来。

2. 完整。无论是向领导还是客户汇报工作，都要清楚地告诉对方，我们目前面临的主要问题有哪些，对此有哪些想法，解决的方案有哪些。千万不能这样说：“我现在正在做这件事，正在做那件事。”没有告诉对方正在做什么、看法是什么、打算怎么做，就等于在浪费对方和你的时间。如果暂时没有有价值的事情，那么就先不说。

3. 有一定的结构。为了让对方更容易理解和接受我们的信息，信息就需要符合一定的结构，这是因为，运用一些简单、系统化的结构，有助于把信息说清楚，而且这种结构一定是显而易见且容易理解的。

注意重要信息的保密

麦肯锡公司把保密工作看得非常重要，不但要对客户的资料保密，而且对客户公司的资料也要保密。保密要采取哪些预防措施呢?

1. 重要的文件绝对不能乱丢、乱扔。

2. 下班离开办公室时，要注意锁好自己办公桌的抽屉与文件柜。

Note

3. 不要在你的团队之外谈论关于工作的细节部分。

4. 不能将公司的敏感文件随随便便就拿到公共场所，因为竞争对手对这类文件非常感兴趣。

5. 留心电话里的谈话是否会被录音，另外，在发传真、电子邮件以及语音信息时，也要特别提高警惕。

Note

麦肯锡的层级管理

麦肯锡的层级似乎有一种分裂的个性。麦肯锡一方面声称没有真正意义上的等级层次，而另一方面，麦肯锡员工会说内部存在两个层次。其实这两种说法都是正确的。

——麦肯锡公司咨询顾问　艾森·拉塞尔

在麦肯锡公司，一名普通咨询顾问不需要预约，就可以随时进入他的办公室，与他探讨有关项目方面的问题。在麦肯锡的各种会议上，无论是刚入职者还是资深的合伙人，任何人的建议、争论或反驳，都具有同样的分量，真实情况的确如此。

Note

麦肯锡的层级

麦肯锡公司的员工，从上到下可以分成 4 种职位，即合伙人、项目经理、咨询顾问和分析师。

合伙人，相当于一个国家或地区的负责人，职责是管理公司、开拓当地客户以及维护客户的关系。

项目经理，负责管理一个具体的项目，并对该项目的客户负责，相当于公司的中层管理人员。

在麦肯锡公司，刚刚入职的新员工首先会在一些具体的项目中担任分析师，负责收集、调查、整理一个项目的基础数据，如果有需要，也要为客户做一些讲解项目的工作。

但千万不要小瞧这些新员工，因为麦肯锡只招全球知名商学院的“学霸们”。具体来说，麦肯锡招收的其实是“具有很强的解决问题能力的人”。

当新员工在麦肯锡公司工作了一段时间，也积累了一定的工作经验并取得了一些进步或成果以后，他们就会自动被升为咨询顾问。如果他们足够优秀，则未来还可以升为项目经理。

一些“恒星级”的咨询顾问还可以挑选自己喜欢的项目；

Note

一些非常优秀的项目经理还具有非凡的魅力，很多咨询顾问会很乐于为其工作。

在麦肯锡公司，每个人都在努力寻找最优秀的项目以及项目经理。与此同时，那些表现平庸的咨询顾问，难以在麦肯锡公司停留太长时间。因为如果他们经过了一个糟糕的项目过程，就很少有项目经理愿意要他们了。

麦肯锡公司没有上下级

对工作在麦肯锡公司的人来说，职位的高低只意味着承担不同的工作，并不代表地位的高低。在这里，职位只是一个称呼而已，即使是新入职的员工，在面对合伙人时，也只是称呼他们“先生”或“女士”。

麦肯锡公司的上司不会凭借自己的高职位而指手画脚、狂妄自大，因为麦肯锡从来不会允许那些强加于人的工作作风存在。也就是说，麦肯锡公司不存在上下级。

由于麦肯锡公司的上司都是在取得了相应的成果后才晋升到这个职位的，因此他们自然而然地得到了部下的尊重。另外，他们也非常清楚，只有充分激励和调动部下，并发挥部下最大的潜能，才能为自己，也就是为公司取得更大的效益。

Note

通常情况下，麦肯锡公司的上下级关系具有以下3个特点。

1. 上下级之间的评价基础和标准，是工作成果。

2. 无论什么职位，只要取得成果就都会被人尊重。

3. 成果以外的要素，是没有人提及的。

让你的上司脸上有光

无论在哪个公司，你的上司都是最重要的人。因此，要想让上司高兴，就最好让他的脸上有光。如何做才能让你的上司脸上有光呢?

1. 要尽最大的努力做好自己的工作。

2. 当你的上司想要知道你所了解的事情时，你对他要毫无保留。

3. 要确保你们之间的信息畅通。

举例来说，刚刚入职一年的咨询顾问为客户准备了分析客户的竞争对手的信息时，不能直接与对方分享信息，而要让你的上司，也就是项目经理与客户直接对接。

此时最应该做的就是，让项目经理在几个小时内，与你本人一样熟悉这份信息。这样，项目经理就能够为客户做出有说服力的演讲。

Note

如果客户对演讲非常满意，那么你的上司，也就是项目经理肯定会对你产生深刻的印象，并且还会感到脸上有光。你的任务完成得十分出色，就会让全公司的人对你刮目相看。

第六章
如何服务客户

客户是麦肯锡维持运营的生命之水，没有客户就没有麦肯锡。这是麦肯锡人始终把客户放到第一位的原因。另外，麦肯锡的公司文化，强调的不是“为客户工作”，而是“与客户合作”。这样才能更大限度地调动团队的工作积极性。

——麦肯锡公司咨询顾问　艾森·拉塞尔

打造卓越的客户体验

Note

> 商业问题就像令人讨厌的老鼠一样，总是悄无声息地隐藏在黑暗之处。如果我们拥有高效的捕鼠器，客户就会纷至沓来。
>
> ——麦肯锡公司咨询顾问　艾森·拉塞尔

麦肯锡公司非常重视客户体验，并通过麦肯锡的理念、团队、管理体系等，打造了卓越的客户体验，形成了强大的竞争优势。

Note

客户体验之一：定义愿景

定义愿景的关键是"单环节视角"向"端到端视角"的转换。很多企业只关注"单环节视角"，也就是从某个特定问题（例如客户购买产品时的交易环节）的切入点出发，却忽略了更重要的整个购物体验过程的"端到端体验"。

我们可以采用多种方式展开客户体验中"定义愿景"的工作，比如，定期召开客户体验愿景的研讨会；收集一线员工对有关客户体验的反馈；通过调研小组倾听并掌握客户的心声和需求等。这些措施可以帮助我们更全面、更准确地掌握客户的愿景，并做出满足客户的需求和公司战略定义的体验愿景。

客户体验之二：识别痛点

通常情况下，客户对整体消费体验的标准及要求是非常高的，比如，具有专业的开发团队、随时可用、质量好、价格低等。我们往往很难满足他们全部的需求，但我们可以通过聚焦并解决企业的核心问题（即企业的痛点），满足企业相应的要求。那么，具体该如何实施呢？

1. 找出对企业至关重要的因素，并予以确认。

2. 找出哪些因素与达到客户的期望值紧密联系，并确认企业是否能够产生最大的经济效应。

3. 找到并提供客户最关注要素。

4. 找出提升客户满意度的所有因素。

5. 找出能够比竞争对手做得更好的因素。

6. 制订一个能够实现目标的计划。

我们在识别企业的关键点和痛点时，首先要绘制出客户体验的整个过程，考虑有关的客户类型、活动以及沟通渠道等因素的所有可能的组合。然后，我们就可以利用掌握的大数据库，得出客户的满意度与盈利之间的关系。

此外，我们还应从查询、订购、运输、支付、跟踪、收货、投诉和索赔等相关环节细致地展开调查，这样，我们才能非常准确地识别客户的痛点，进而分析总结出可以提高客户满意度的关键因素。

一旦我们明确了客户体验的最重要的因素，就可以与当前的优势和劣势进行比较，开始设计新的客户体验。

客户体验之三：塑造新客户体验

要想获得公司对新客户体验的认可，可以首先进行小范围资源调动，并且做一些可以在短时间内取得明显成果的转型项目。比如，我们可以先从容易入手的客户服务环节开始。

Note

我们可以充分应用行为心理学，为客户设计全新的客户体验，提升客户的体验满意度。这种方法由于资源调动比较少，而且效果非常明显，因此特别适合作为在转型初期，给客户带来很大信心的前期项目。

客户体验之四：授权一线员工

一线员工与客户之间的联系是最密切的，因此，需要一线员工直接把公司的形象与服务理念传递给客户，也就是说，提高他们的服务质量，对加强客户体验的效果是最佳的。

为此，我们可以给一线员工充分授权，并用共同的愿景引导他们。我们还可以把服务的质量标准作为框架和原则，制定一套定义明确且能够衡量标准的行为准则，这样，即可让一线员工的行为保持一致。

客户体验之五：创新机制

每个公司都期待创新，但作为创新领域的麦肯锡公司的咨询团队，应该如何帮助客户创新呢？是为客户交付一个特别具有前瞻性的产品创新方案吗？由于麦肯锡咨询团队的成员通常是由不同国家、不同领域的优秀成员组成的，既包括设计师、软件工程师等方面的人才，又包括物理、化学、战略策划以及

Note

各种背景下的“T型”人才（指按照知识结构区分出来的一种新型人才类型），因此，在麦肯锡团队，你能够深刻地体会到以开放、包容、极为扁平、自组织、激励、支持和分享为特点的典型的团队文化。

麦肯锡团队一方面具有创新的渴望和信心，另一方面又能够做到技能互补，这样的团队只要能与客户团队达成共同创造的意愿，就能够通过不断的学习和迭代，使得自己创新的方向变得越来越明晰，并且在项目的推进过程中逐步探索、完善，最终与客户达成解决问题的方案。

Note

与客户团队的目标保持一致

> 对麦肯锡公司来说，如果给客户、公司以及员工这三者进行排序，那么客户永远都会被排在第一位。
>
> ——麦肯锡公司资深合伙人　罗勃·洛威茨

客户支付给麦肯锡的巨额费用，确保了麦肯锡公司的正常运转。麦肯锡那句“把客户放在第一位”的口号人人皆知。而且对麦肯锡的咨询顾问来说，“与客户团队保持一致”也是非常重要的，因为，他们提出的任何解决问题的方案，只有客户接受了，才能实施下去。

Note

把我们的目标变成客户团队的目标

让客户团队与我们站在一起成为一个整体的关键，是将我们的目标变成客户团队的目标。这样，客户团队就会非常清楚，如果他们的目标没有实现，那么麦肯锡的使命也就结束了；麦肯锡的使命如果结束了，那么他们最终的目标也就无法实现。

因此，当客户团队与麦肯锡团队一起，共同研究、探讨解决问题的方案时，我们就必须要充分地调动他们的积极性和创造性，并避免产生消极作用。

接下来，我们就应开始进行客户管理，这些客户通常是最先把麦肯锡公司请进来，并参与项目的高层人员。如果我们能够学会引导他们参与且支持我们的工作，就可以确保未来的解决方案能够得到贯彻、实施，而不是被他们搁置起来。

但有些人可能会感觉，客户团队的问题似乎和我们的关系不大。但实际上，如果我们不是咨询顾问，也就没有机会与客户团队打交道。就像在一些大型企业中，如果我们作为咨询管理顾问，也就是问题的最终解决者，就会发现，我们是与其他部门的团队一起工作的。

Note

也就是说，我们可能是在一个“合资”的企业里，与来自不同组织中的团队一起工作。此时，我们就会感受到客户团队的讨论，与管理好客户的讨论是同样重要的。

带给客户团队一段美好的经历

我们要让客户团队感受到与麦肯锡团队一起工作的这段经历是美好的经历。换句话说，也就是让客户团队意识到，他们能够从麦肯锡团队中，学到一些在其他地方学不到的东西。这有助于客户职业生涯的发展，并且他们还可能学到一些真正推动公司发生变革的经验。客户团队中大多数成员以往很少会有这种工作和学习的经历。

有一次，麦肯锡公司为华尔街一家经纪商的重组项目工作，与其合作的客户是由一些IT人员组成的团队。其中有一位名叫蒙迪的成员比较特殊，他是一位资深程序员，看起来不爱说话，也不爱接触陌生人，非常内向。

随后，麦肯锡团队与蒙迪一起在几天之内进行了多次客户拜访。在此期间，蒙迪见到了一些他曾经的偶像——一些非常知名、成功的人士，比如银行家、经纪人、知名交易员等。这样，随着拜访的逐渐深入，蒙迪饶有兴趣地询问了他们很多感兴趣的问题，也了解了这个项目想要解决的方案。

而且令蒙迪欣喜的是，这些问题在他的日常工作中是根本见不到的。这样，随着研究项目的推进，蒙迪也变得越来越自信，还学会了很多利用自己的技能解决问题的方法。与麦肯锡团队一起工作的这段时间令蒙迪大开眼界，他也非常怀念这段经历。

这个案例说明，当麦肯锡团队与客户团队一起工作时，这种以团队结合的方式进行的合作，肯定会增加双方的价值。也就是说，两个不同风格的团队在一起合作，一定会产生相互作用，使得一起工作比单独工作要容易得多。

与客户团队积极开展社交活动

如果两个团队积极开展一些社交活动，就能够让每个团队人员意识到，除了努力工作以外，大家还有像普通人那样开心生活的一面。

比如，大家可以放下他们的“办公室面孔”，一起到球场打球，或者是到饭店大吃一顿，这样就会帮助每位成员意识到其他人也是实实在在的人。

也就是说，千万不要让两个团队之间的合作变成一种连续

Note

Note

不断地工作、吃饭和睡觉的无限循环。

此外，对客户团队中的每个人都要非常尊重。哪怕是他们的服务人员、门卫，或者是客户的助手——这些人的权力往往超乎你的想象，他们愿意帮助那些对他们表示尊重的人。而尊重他们也会减少你的压力。

让客户参与工作，学会与“讨债鬼”打交道

Note

> 让客户参与我们的工作，而非置身事外是非常重要的。否则，即使我们工作再努力，计划再周全，也很难想象项目能够最终成功。
>
> ——麦肯锡公司资深合伙人　罗勃·洛威茨

当与客户合作时，麦肯锡团队通常会把客户请进来参与我们的工作，也就是加入我们的项目，并参与解决问题的整个过程。在此期间，让他们接受我们的建议、计划、方案等工作内容，并请他们提供必要的数据等相关资源，这是保证项目能够

Note

成功的关键因素。

理解客户的打算与意图

我们都清楚，如果客户不能够支持我们的工作，那么项目的计划就会受到阻碍，甚至难以继续开展下去。只有让客户参与我们项目的具体工作，才可以解决这个问题。

让客户参与进来的第一步，就是理解客户的打算及意图。这是因为，只有他们认为，我们的工作符合或有助于他们自身的利益，客户才会放心地支持我们的工作。但也要注意，客户的利益是随时会发生变化的。也就是说，利益可能会随着时间的改变而发生变化。

因此，我们必须与客户经常联系，使得他们能够将我们的计划放在心上。另外，及时了解他们对项目进展的各种想法，也是十分必要的。我们还可以把安排会议的时间，按照客户预定的时间表进行。

对于项目取得的“早期胜利”，我们也可以利用这些成果让客户对计划产生更浓的兴趣。成果越好，情形就会变得越好，客户的积极性也就会被充分调动起来，他们合作的意识也会进一步加强。

此外，从一些项目“早期胜利”的成果中，客户也会看到解决问题的希望，这样，他们就会以更加积极的态度参与到项目的进展中。而且取得的胜利越多，他们对项目的热情也就会越高。

Note

与客户团队中“讨债鬼”打交道的方法

麦肯锡公司在与各式各样的客户团队长期打交道的过程中发现，有一些客户团队中的成员非常特殊，他们与这个团队不合拍，即使经常给他们做思想工作也难以改变他们的脾气、秉性，所以经常会起到负面的作用，这些人也被称为“讨债鬼”。

因此，如果有可能，就要考虑把客户团队中的“讨债鬼”成员全部“请”出去，这些人实在不适合在团队中工作。否则，就应在工作的过程中远离他们。

在客户的团队中，往往有两种类型的“讨债鬼”成员：一种是太笨，基本上没什么用处的人；还有一种是有意与团队作对的人。我们当然希望这两种类型的“讨债鬼”都不在我们的团队里，但如果我们在麦肯锡公司工作时间足够长，那么这两种类型的人都有可能会碰到。

对于第一种类型，处理太笨而且难以胜任工作的人的一种办法是将其调走，然后换成一位更合适的人。由于是对方的成

Note

员，我们不能保证新换来的成员就一定能够胜任工作。

此时，我们可以想一些办法处理这种情况。比如，可以在工作的过程中尽量避开他，或者是为他提供一项能够独立完成的工作。这项工作对整体项目并不是非常重要，但也需要有人去做。另外，我们还可以要求团队的其他成员教教他。

如何应对团队中敌意型的成员呢？通常情况下，我们的主要策略是将这种带有间谍性质的人换走，换一个更合适的人。还有一种解决方案是尽量避开他们，只在必要时才利用他们的天赋，但要绝对避免他们接触团队中那些比较敏感的信息。

如果我们已经掌握了这个间谍背后的操纵者，就可以先来揣摩一下操纵者的实际意图。这样，或许我们还有机会利用他，在推介解决方案的时候，将其转化为我们的优势。

通常，对付第二种类型的人，要比对付第一种类型的人难得多。而对付客户团队中的“讨债鬼”，需要项目经理具有足够多的政治技巧与策略，这样才能对“讨债鬼”应对自如。

获得客户公司各方面的支持

Note

麦肯锡的咨询项目团队，为客户制定了一套准确、严谨、逻辑清晰的方案后，还需要得到客户公司各个方面的认可和接受，方案才能得到有效执行。

——麦肯锡公司资深合伙人　罗勃·洛威茨

如果希望麦肯锡团队的解决方案能对客户产生长远的影响，就需要得到公司从董事会、中层经理到基层各个层面的支持。另外，千万不要忽略在生产线上辛勤工作的工人。最后，对项目系统的阐述和介绍，也是锻炼项目团队成员汇

Note

报、演讲能力的大好机会。

推介方案，要面向公司的整体

我们要把历经千辛万苦才制定出的方案推荐给董事会，向他们说明可以通过重组销售队伍以及简化整个生产过程，大幅度地提高产品的赢利水平。我们的论点还要有各种相关数据的支持，极具说服力。董事会经过讨论，最终同意了我们的建议。但此时，工作远未结束，我们还要解决其他方面的障碍，才能让方案顺利实施。

那就是前面提到的销售队伍和生产线上的工人。要知道，他们是我们解决方案中采取措施的一部分，如果他们不喜欢或者不接受我们的方案，联合起来共同反对，我们的解决方案就很可能不会得到贯彻实施。最终结局，可能是被放在档案室的柜子里，或者是某位领导的办公桌内。

要想避免这种情况的发生，我们就需要将解决方案推销给整个公司每一个层级的人员，从董事会、中层经理，一直到最底层的工人。

例如，当董事会审议通过方案以后，接下来就要把提案交给中层的管理人员。因为他们极有可能是负责实施这个方案的执行人，所以，要让他们清楚这个方案的具体情况。

最后，我们千万不能忽略生产线上的工人。因为这份方案可能对他们的影响是最大的，所以，他们能否接受这个方案对日后的实施是至关重要的。

Note

如何获得整个公司的支持

1. 对方案进行适当调整，使其适合不同的听众。当面对公司不同的听众时，我们就应该对方案做出一定的调整，使得方案可以适合不同的听众。举例来说，我们面对公司首席执行官进行的情况说明，与面对车队司机进行的情况说明，肯定不能是同一个模式。

2. 尊重我们的听众。我们首先要对他们解释，要做些什么，为什么要这样做。此时，我们可以把项目的整个画面全部展示给大家，以便让大家非常清楚，自己的工作与整个公司是紧密相连的。只要我们用事实说明，他们就一定会理解和接受。但要特别注意，我们一定要懂得尊重，只有尊重他们，在多数时候他们才会积极响应我们。

方案的实施要非常严谨

当开始实施方案时，公司需要做大量的工作，因此，具体的实施过程要严谨且周全。我们应当确保有人可以承担完

Note

成这项工作的责任，也就是要确保每个人都各司其职地完成自己的本职工作。

要想让方案得以顺利执行，我们应当注意以下事项。

1. 要为公司实施一项很大的变革，就必须按计划执行。比如，实施计划具体要做什么、怎么做以及什么时候做，都应该尽可能地把细节描述清楚。对实施细节和条理的说明，要达到小学生都能够理解的水平。

2. 要找专人负责方案的实施。我们在挑选执行人时必须慎重，要保证执行人具有完成这项工作所需的技能。如果方案的执行人选择正确，就可以让具体的实施工作变得非常顺利。也就是要保证选择一个对方案能够“切实负责”的人。

3. 要强调完成项目方案的最后期限。要让他们在规定时间内完成相关的任务，除非发生意外情况，否则，绝对不允许延期。

第七章
如何高效地解决问题

麦肯锡公司始终致力于解决客户的商业问题。解决问题不是你在麦肯锡做的一件事情，而是你在麦肯锡做的每一件事情。就好像你始终都在为每一件事情寻找能够改进的方法，而不在乎它以前是什么样的。

——麦肯锡公司咨询顾问　艾森·拉塞尔

解决问题之初始假设

Note

> 解决一个十分复杂的问题，就好像是踏上了一段既辛苦又漫长的旅程。而最初的假设，就是指引我们解决问题的地图。
>
> ——麦肯锡公司咨询顾问　艾森·拉塞尔

“假设”既是一种方法，又是一门学问，而且工作和生活之中到处充满了假设。麦肯锡这样的咨询公司的工作核心就是不断地证明或推翻这些假设。这样，我们要解决的问题也就会迎刃而解。

Note

初始假设的作用

初始假设，是麦肯锡解决问题的关键要素，但同时也是很难解释清楚的。假设在生活和工作中随处可见。比如，我们去应聘工作，那么我们就会假设考官可能会询问哪些问题。如果假设很准确，那么应聘成功的概率就会大大增加。

初始假设如果是正确的，那么在解决问题时，就相当于给我们指引了方向。如果证明假设是错误的，则它的用处同样是很大的。因为在推翻假设是错误的这个过程中，我们可以收集到通往正确答案所必需的足够信息。

而善于做出假设的人，就会是善于提出问题的人。比如爱因斯坦的相对论，在被科学证实之前，只是一个假设。

为此，爱因斯坦曾经这样形容“假设”：假设问题要比解决问题更重要，因为解决问题可能只是数学、物理或化学的一种实验技能而已，而假设问题却是从一种全新的角度看待旧的问题，这需要具有创造性的想象力才可以实现。

在麦肯锡，工作人员在解决问题时非常善于利用假设，他们在收集了一定的相关行业信息后，很快就会做出初始假设，然后再继续收集大量的事实资料，证明或推翻自己的初始假设。这样，他们就能找到解决问题的方法。

但提出假设，往往需要一定的能力及智慧，因为“假设”是敏锐的观察能力和预判能力的结晶。

初始假设的实施过程

初始假设的实施过程，通常可以分成以下3个部分。

1. 定义最初假设。

最初假设可以这样解释：“在开始解决问题之前，先找出一些解决问题的方法。”这好像是一种自相矛盾的说法，但在麦肯锡，在解决任何问题之前，都要求首先要这样操作。

我们以一个商业问题为例，为一家生产饰品的公司找到增大销售量并增加利润的方法。我们首先采用头脑风暴法了解一些有关饰品行业的知识，然后即可做出下列最初假设。

（1）改变销售方式。

（2）改善营销方式。

（3）减少产品的单位成本。

我们应该注意，“假设”不是解决问题的“答案”，而仅仅是一些有待证明的理论。如果最初假设被很多事实证明是正确的，那么，它就会成为最终的结论。如果证明假设是错的，那么在通过证明错误的过程中，我们依然可以找到通向解决方法的路线图。

Note

Note

2. 创造最初假设。

创造最初假设的第一步就是从事实出发，也就是要对客户的行业和问题，进行全面的认识、了解和熟悉。但也要注意，在挖掘信息时，不要向东挖一下、向西挖一下，避免做大量的无用工作。

一位麦肯锡资深的项目经理，自己摸索出一套创造最初假设的好办法。他在项目开始时，首先努力消化一些事实基础。比如，了解这个行业的基本情况，有哪些行话或者是行业的重要信息等。

但最重要的是，他需要找到麦肯锡公司内部非常熟悉这个行业的人。如果公司内没有这类人，那么就通过他的朋友圈，找到熟悉这个行业的相关人员，这也是速度最快、最有效的方法。

不过，仅仅凭借这些事实是远远不够的，我们还需要使用一些符合假设的结构，并作用于其上。当事实与结构能够结合起来时，初始假设就出现了。接下来，我们需要把相关的每个问题的下一个，或者是下两个层次的细节全都记下来，以便于在证明或推翻假设时，明确分析的方向。

这也就是麦肯锡经常使用的逻辑树中的“问题树”，即从最初的假设开始，然后细分假设中的问题。

Note

3. 检验最初假设。

当完成了“问题树”后，我们就要深入挖掘并证明假设是否正确。这个步骤是最难的，也是最复杂的。

检验最初假设也就是检验假设是否为最佳的假设。例如，问题是否全面，有无疏漏；是否考虑到问题的关键驱动因素；建议方案是否可行。

此外，我们同样可以采用头脑风暴法，对提出的最初假设进行检验。

Note

简单至上，条理清晰

> 那些擅长逻辑思考的人，可以非常简洁地将自己的想法传达给他人，并让对方非常轻松、容易地领会并接受自己的主张。
>
> ——麦肯锡日本分公司董事长　大前研一

对我们普通人而言，忙忙碌碌地工作是不难的，难的是富有成效地工作；而善于将复杂的工作简单化，即化繁为简，是麦肯锡公司做事事半功倍的不二法宝。

Note

工作内容要简单明了

为了提高解决问题的效率，麦肯锡公司提出首先要遵守以下3个原则。

1. 工作能否取消，即工作的重要程度。

2. 能否将其合并，即找出与其相类似的工作。

3. 能否使用非常规的方法予以解决，即采取更简单的方法。

根据这3个原则，我们在分析、解决问题前，还要考虑如下问题。

1. 这个工作是否为必须做的工作，是按照平常的习惯解决的吗？

2. 能否将其全部省去，或者省去其中的一部分？

3. 能否找出这项工作的关键，并设想完成工作以后可能会出现的新效果？

4. 如果这件工作必须做，就应该选择一种最适合的方式。如果能够一边听音乐一边就可以轻易完成这项工作，就不必坐在办公桌旁冥思苦想。

5. 考察工作的重要性，把效率最高、最宝贵的时间花费在最重要的工作上。

Note

6. 要安排最合理的人完成这项工作。

7. 要抓住工作的主要矛盾，提高我们的工作效率。

在对工作进行分析、检查以后，我们即可按照下列步骤进行操作。

1. 省去一些不必要的工作安排。

2. 合理地安排工作顺序。

3. 使一些看起来非常杂乱的工作简单化。

4. 提高工作的预见性，做到走一走、看两步、想三步，提高决策的效率。

为了使工作内容简单明了，就要使工作秩序富有条理，具体如下。

1. 清理办公桌上与所做工作无关的东西，以确保所做工作是此时最重要的工作。

2. 将所有工作项目的所需物品放置在档案或者抽屉中，相关物品也要放置在相应的位置上。

3. 要避免因为厌烦了手头上的工作而受到其他有吸引力的工作的干扰，即要确保首先完成手头上的工作。

保持多样化的工作方法

1. 在同一个时间段内，可以综合进行多项工作。管理学

Note

中，往往会把很多工作以单方向依次完成，这被称为垂直型工作。虽然这是一种比较好的工作方法，但并不是在同一个时间段内只能处理一项工作。我们可以根据系统论或者运筹学的原理，把几项工作综合在一起统一安排，并且同时进行，使工作效率大大提高。

2. 把很多工作步骤结合起来完成。对一些既互不相同，又有类似之处的工作，我们就可以利用这些工作相同或相关的特点，将这几项工作结合起来共同研究和解决。这样可以省去很多重复劳动的时间。

3. 改变工作方法。通常，改变工作的方法有两种，分别是“分析改善方式”和“独创改善方式”。分析改善方式是指对现行的工作方法进行认真、仔细的分析和研究，然后找出其中存在的一些不合理和无效的问题，最后再对其加以改进并最终完成；独创改善方式是指在明确目标的基础上，在没有受到现行手段、方法的局限的情况下，从中选取最佳的手段和方法。

4. 把不同性质的工作内容互相穿插完成，避免过于疲劳。比如，在写报告的期间可以安排一些其他的事情，让自己的大脑能够得到适当的休息。

5. 把某种工作事项换成其他更方便的工作事项。比如，

Note

如果可以用电话沟通就不必花费更多的时间写邮件；需要每周都拜访客户的可以改为隔周拜访一次，而在不需要拜访客户的那一周，可以用电话或者邮件沟通的方式替代亲自拜访。

6. 使用相同的方法安排那些经常进行的工作。例如，我们在记录时，可以使用一些通用的记号；而对客户经常询问的问题，也可以事先准备好标准答复，这样可以大大提高效率。

解决多个问题的基本方法

Note

> 要想解决问题，就应该有一套非常完整的流程，而这个流程也应该是有机联系以及不可分割的整体。
>
> ——麦肯锡日本分公司咨询顾问　大島祥誉

在麦肯锡公司，解决多个问题的优先次序是：首先确定问题的主次，其次将最重要的事情放在第一位，最后寻求解决问题的资源。

Note

一些效率比较低的工作顺序

解决问题应该以实现目标为导向，那么在众多的待办事项中，哪些事项应该优先处理，哪些事项又应该延后处理呢？下面为大家列举一些在实际工作中效率比较低的工作顺序。

1. 先做自己喜欢的工作，再做自己不喜欢的工作。

2. 先做比较熟悉的工作，再做不熟悉的工作。

3. 先做那些容易的工作，再做难的工作。

4. 先做只需花费少量时间即可完成的工作，再做需要花费大量时间才能完成的工作。

5. 先处理资料齐全的工作，再处理资料不齐全的工作。

6. 先做已经安排好时间的工作，再做没有安排好时间的工作。

7. 先做经过筹划的工作，再做没有经过筹划的工作。

8. 先做其他人的工作，再做自己的工作。

9. 先做非常紧迫的工作，再做那些不太紧迫的工作。

10. 先做有趣的工作，再做枯燥的工作。

11. 先做容易完成的工作，再做很难完成的工作。

12. 先做自己非常尊敬的人或者同自己有密切利害关系的人所拜托的工作，再做自己不太尊敬的人或者同自己没有密切利害关系的人所拜托的工作。

13. 先做已经发生的工作，再做还没有发生的工作。

解决问题的科学思维方式

1. 看问题能否自己解决。当解决问题时，我们首先要围绕自身找出各种解决方法。但值得注意的是，我们在想这些方法时先不要考虑是否可行，而是只去考虑这些方法能否解决具体的问题。通常是想到一条，就马上记录一条，数量越多越好，等到再也想不到方法后，再回过头来整理之前想到的方法。

整理方法时先去掉那些不可行以及花费代价太高的方法。当把这两类方法全都去掉以后，如果还剩下其他方法，那么就要对它们进行详细分析。可以从时效以及付出代价这两方面进行综合考量，对余下的各种方法进行综合打分。这样就可从这些方法中找出得分最高的一种方法，然后就可以用这种方法解决具体的问题。

2. 找到关系密切的人帮助解决问题。由于我们每个人身处的环境不同，掌握的知识与资源也不同，因此，如果我们自己无法解决问题，就可以请他人帮助我们解决。比如，从前面提到的解决方法中，我们发现在去掉了不可行以及代价太高的方法后，已经没有任何解决方法了，此时，我们就应该充分考

Note

虑与自己关系密切的人，询问他们是否能够帮助自己解决问题。如果有合适的人，则可让他们帮助我们解决，但步骤应该与前面提到的一样，首先列出各种解决方法，然后用排除法找到最佳的解决方法，最后再由你所选择的人去完成。

3. 扩大寻找范围，找到能够帮助你解决问题的人。如果我们按照前面提到的第二步解决问题，但仍然不能解决问题，我们就可以把范围再进一步扩大，也就是从与自己关系密切的人中，询问他们是否有朋友可以帮助我们解决问题。如果有合适的人，就可以让他们帮助我们解决。步骤和方法与前面提到的一样，也是用排除法找到最佳的解决方法，然后再由我们通过朋友委托的人去完成。

4. 如果在完成上述3个步骤之后，仍然没有一些有效的方法来解决问题，那么就应当把寻找的范围再进一步扩大。此时，我们甚至可以找与自己或朋友没有关系的社会团体、组织机构、新闻媒体、有关协会等相关组织帮助我们解决问题，直到最终解决问题。

实际上，很多人在解决问题时也会使用这些方法，但他们往往在解决问题前的考虑顺序可能没有这样明确。而且，绝大多数人也没有从逻辑的角度考虑问题。如果我们在解决问题时能够按照从小到大的顺序考虑，那么我们的思维就会变得更加缜密，解决问题就会更程序化，工作效率也会变得更高。

因此，一种好的思维方式，绝对能让我们的思维更缜密、更高效和顺畅，而一旦我们具有了这种良好的思维习惯，那么就会终身受益。

Note

Note

解决问题的思路

要想找到解决问题的思路，就要杜绝那些徒劳无功的思考。而麦肯锡式思考的框架工具，对避免徒劳思考是卓有成效的。

——麦肯锡公司咨询顾问　艾森·拉塞尔

意大利著名的画家、发明家，同时也是哲学家和科学家的达·芬奇，为后世留下了6000多页的手稿。达·芬奇的手稿中，有这样一句名言："简单就是终极的复杂。"而"空·雨·伞"这一简单的解决问题的思维框架，也正是麦肯锡公司极为推崇的至简至极的思考方法。

空·雨·伞的思维框架

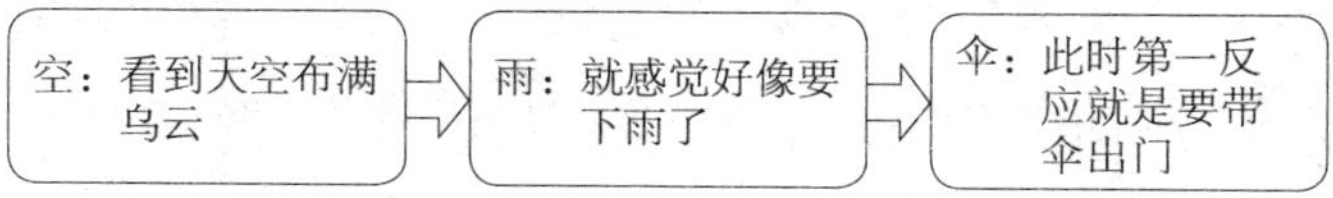

图4　“空·雨·伞”思维框架

在麦肯锡公司，咨询顾问都必须学会应用“空·雨·伞”这个框架，这看起来非常简单。根据“空·雨·伞”这个框架，我们可以把“空”理解为“现在的情况”，把“雨”解释为“对情况进行的解释”，把“伞”理解为“按照前面的解释采取的相关行动”。

综上所述，可将“空·雨·伞”理解为：我们在出门时抬头看天，发现天空中布满乌云，就做出了“好像要下雨了”这个判断。随后，我们按照这一判断，最终采取了“带伞出门”这个行动。

可能有人认为“空·雨·伞”太简单了，但很多人在处理生活或工作中的事情时，却并未采取这个看起来十分简单的框架。但对于麦肯锡公司，“空·雨·伞”这一思维框架的核心，正是他们努力掌握的至简至极的思考方法。

Note

不仅仅从硬币的正反面思考问题

有人觉得，思考问题就像是硬币的正反面，只是“二选一”。例如，当看到商品进行降价销售时，如果只想到增加促销活动，就能够增加销售额，这就是从硬币的正反面思考问题。

如果这样思考问题，就不能把事情本身的意义和影响理解透彻。我们在思考、解决问题时，绝对不能只关注眼前的利益，而要考虑到未来的发展方向。

比如，我们进一步思考前面提出的问题，商品降价销售，可能意味着商品在市场上的影响力是逐渐减弱的。因此，推出新的产品，可能更有利于公司形成新的利润增长点。

而正确的思考顺序是：首先，要考虑从中学到哪些东西，或者领会到其中的意义；其次，要改变自己的视角，按照“空・雨・伞”这个基本框架的逻辑进行判断；最后，要根据前面的判断依据采取行动。

因此，我们通过使用麦肯锡解决问题的技巧和框架，就能够准确地找到自己未能看到的选项，并且还能发掘出更多解决问题的方法。

Note

应从敏锐的切入点提出问题

当我们埋头解决问题时，思维也会高速运转，因此灵机一动，加速解决问题的情况往往就会发生。

因此，我们要创建独立的假说，从敏锐的切入点提出问题，并摆脱相关的限制条件，采取零设想的思维模式，发现一切可以把在一般情况下毫无关系的信息串联起来的关键驱动，然后再推导出问题的答案，这就是麦肯锡式的问题解决方式。

但我们绝对不允许满不在乎地、随便地使用逻辑推理，而且也应注意不能无意识地推导出问题的答案。

此外，解决问题的决定因素不是任何框架或者逻辑（但却是一种解决问题所必需的工具），而是我们要拥有竭尽全力、永不放弃的决心和意志。

Note

培养解决问题的框架型思考方式

> 麦肯锡式的思考方式中有很多框架，如果要杜绝徒劳思考，则即使在解决问题时不利用框架本身，而只进行框架式思考，也同样能够收获很大的价值。
>
> ——麦肯锡公司咨询顾问　艾森·拉塞尔

对于把生活、工作中的很多简单的小事都能够说透，并找到简单的、有效的解决方法的人，我们就认为这是具有独立思考能力的人。那么，麦肯锡公司是如何培养员工独立思考能力的呢？

Note

框架型的思考方法

我们提高解决问题效率的关键，就是要尽量杜绝徒劳思考。简单地说，如果我们可以使用麦肯锡的框架型思考方法，就可以取得很好的效果。但无论遇到哪些问题，我们在开始思考前，都要先制定相应的目标，也就是要明确描述出我们想要达到的具体状态以及将要发生的任何改变。

例如，我们如果准备跳槽到其他公司，那么首先要为资格考试而学习。但我们最初的真正目的如果不同，比如希望达到哪种状态，或者是希望发生哪些改变，那么最终为资格考试所做的准备也必须有所不同。

如果我们希望迅速积累自己的工作经验，那么最好的方式就是主动进入这个行业一边工作，一边准备资格考试，而且这种方法还有助于我们获得一些切合的、比较实际的工作经验。

如果我们是为了增加未来发展的选项，就应当仔细探讨该资格证书，是否能够为我们将来的人生计划或职业规划带来相应的好处。

另外，我们在思考时还不应该局限于眼前的问题。例如，我们从前面的例子中可以看到，眼前的问题是找到一种准备资格考试的方法，但这个问题确实又是我们眼下不得不解决的问

Note

题。可是，如果不能准确掌握解决真正问题的方法，那么即使我们花费大量时间考虑问题，也有可能并不是我们真正想要做的事情。

举例来说，取得那些资格证书往往并不是我们真正的目的，真正的目的是我们想要获得能够提升自己的技能。那么取得资格证书以后希望自己怎么做，或者想要达到一种什么样的状态，我们最初思考问题时，就可以将这些问题明确，杜绝出现“徒劳思考”的情况。

使用“3C”框架分析问题

我们在真正明确自己的问题以后，就要考虑采取有助于达到所希望的状态的方法，接下来就要拓展一下自己的思维框架了。一旦思维变得非常具体，实际上我们的思维就已经具有了框架。

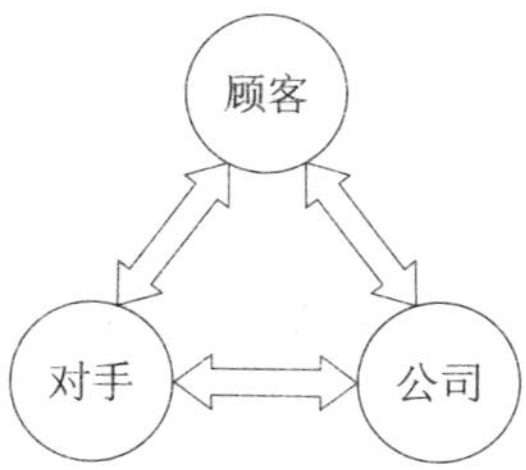

图5 “3C”框架

比如，我们在探讨市场战略等方面的问题时，可采用“3C”框架。“3C”指的是顾客（Customer）、对手（Competitor）以及公司（Company）这3个英文单词的首字母。

我们只有仔细分析、考虑这3个方面，才能够准确、灵活地制定出相应的策略。例如，日本的一家汽车公司决定，把原本成本非常低而且在日本一直是首选的某种小型汽车，投放到一些消费能力比较低的新兴市场。令人意外的是，这种在日本十分畅销的汽车在国外却遭到了“水土不服”，销量非常差。究其原因，公司未能考虑到竞争对手的行动及策略，也就是没有使用“3C”框架制定战略，结果惨遭失败。

具备超越框架的能力

我们在解决问题时，如果已经明确了自己的优势并掌握了成功的关键，就可以尝试扩大范围，用于解决其他问题，灵活发挥自己的优势。举例来说，我们目前从事的是营销工作，如果营销经验和业绩都非常好，我们就能够准确地了解自己的优势并且及时发现客户的问题，就可以从营销人员转到管理者的角色。这有助于公司及时发现销售中容易出现的问题，并采取相应的解决方法。这也是超越原有的职业框架，实现发散思维，挖掘自身新能力的过程。

Note

Note

如果我们此时只关心眼前遇到的问题，不能进行有效的思维拓展，即使我们自身具有独特的优势，也不能灵活地运用。而拓展我们思维的框架，确实有利于我们更好地发现自己的优势，这也是麦肯锡在解决问题时常用的思考方法。

希望拓宽思维框架的人不在少数。但是，他们中的很多人根本就不清楚自己的框架是什么。

在突破框架的时候，如果我们根本无法认识到自己的框架是什么，那么这件事情就会变得非常困难。

解决问题的七步成诗法

Note

商业逻辑的魅力，就在于能够帮助我们思考，并进行内在的推理及演绎。七步成诗法是麦肯锡的基础技能，可以帮助我们熟悉和掌握商业逻辑推理的方法。它是最简洁、最明了，同时也是最容易使用的一种逻辑方法。

——麦肯锡公司咨询顾问　艾森·拉塞尔

麦肯锡公司推出的解决问题的“七步成诗法”，不但可以有效解决企业面临的各种问题，而且对日常生活中需要我

Note

们深入探讨的很多复杂问题，也都卓有成效，并能进一步得出比较科学的结论。

第一步：描述问题

在工作的很多时候，我们往往不清楚具体要解决什么问题，或者对解决问题的具体事项比较模糊。

举例来说，当你的领导这样说："最近，我们部门的销售业绩不太理想，你想办法解决一下。"

听完领导的话以后，你知道到底要解决什么问题吗？业绩不太理想，具体指的是销量，还是利润？

如果你是一位很有工作经验的下属，就应该这样向领导询问："把每个季度的销售额做到500万元，是否符合您的预期？"

听到这里，领导肯定会给你指出一个具体的销售数字，于是你的具体工作目标也就能够确定了。

由此可见，当描述问题时，我们必须明确问题的含义，或者明确问题包括哪些内容。下面介绍一下对问题描述的具体要求。

1. 明确企业需要解决的基本问题。

2. 具体的、有内容地描述问题。

3. 清楚地列出问题涉及的各方面信息。

Note

第二步：分解问题

问题分解，就是要把一个大问题，分解成若干的小问题，并且从上到下，逐级进行分解。但要注意，在分解时应使用麦肯锡的MECE分析法，并做到“相互独立，完全穷尽”。

（一）对问题进行分解的原因

1. 问题分解，是提出假设的基础。具体包括以下内容。

（1）提出初始假设。

（2）搜集相关资料。

（3）证明或推翻假设。

（4）完成咨询报告。

2. 在分解问题时，可以设置问题的优先顺序，进而理清我们的思路。

（二）问题分解的具体原则

1. 保证内容全面、充分，没有遗漏。

2. 问题分解后的各个要素之间要相互独立。

（三）问题分解的方法

1. 寻宝游戏。不断地提出各种假设，并不断地修正自己的假设。

Note

2. 追根溯源。探讨产生问题的更深层次的原因，而且要多问几个为什么。

3. 使用图形分解描述的问题。

（1）鱼骨图。其分析步骤如下。

①对问题的原因进行分析。

②从问题开始，逐步进行分解。

③使用逻辑树解决问题。

④逻辑树的结束点，就是问题的最终原因。

（2）问题图。其分析步骤如下。

①假设判断。

②提出假设。

③寻找论据。

④证明或否决假设。

（3）逻辑图。其分析步骤如下。

①判断问题的相关原因。

②提出问题时，可用“是”或“否”回答问题。

③按照逻辑进行排序，并找出相关事实依据。

④得出各种选择。

（四）对产生问题的各种因素进行取舍分析的方法

1. 使用“二八法则”，发现关键驱动的因素。

2. 使用头脑风暴法，进行验证。

Note

第三步：去掉非关键问题

如果我们把每个问题，至少分解成3个子问题，那么在分解几次后，我们就会发现，问题实在是太多了。

此时，我们可以采取抓大放小的原则，也就是去掉一些没有必要深入探究的问题，从而找出影响问题的关键因素。

另外，在进行问题规划时，要特别注意具体环节，并制订相应的行动计划。其具体步骤如下。

1. 描述问题。
2. 假设问题。
3. 分析问题。
4. 分析问题所需要的资料来源。
5. 对解决问题各部分工作进行分工和计划。
6. 提交报告。

第四步：整理信息

我们在前面3个步骤中，已经梳理出一些需要解决的主要问题。到这个步骤的时候，我们就要着手制订工作计划了，主要是合理安排人手和规划时间。

Note

项目的时间给咨询公司带来的压力特别大，甚至有的项目必须在1～2个月完成。因此，咨询顾问每天的工作十分繁忙，比如，访谈、会议、整理资料、分析数据和项目总结等，如果没有一定的工作计划，那么就很难按时完成工作。

1. 编辑、整理、核实资料。具体步骤如下。

（1）检查资料是否完整。

①分析资料的来源。

②对资料进行交叉核对。

（2）核实记录的描述是否清晰。

（3）排除或改正资料的错误。

（4）把收集的资料制作成统一的格式。

2. 将资料进行整理、分类。具体步骤如下。

（1）把资料按照时间分类。

①表明资料变化的趋势和速度。

②找出资料随机性和周期性的波动特征。

（2）把资料按照部门分类。

①检查各部门之间存在的问题。

②加强各个部门之间的联系。

（3）把资料按照责任分类。找出每一个具体问题的责任承担者。

（4）把资料按照结构和过程进行分类。

①确定资料的局部变革，是如何影响整体的。

②对一些具有影响全局能力的个别单位，要特别注意。

（5）把资料按照影响因素进行分类，即把影响问题各个因素之间关系的资料进行分类。

第五步：分析和论证，深入分析关键因素

分析和论证，既简单又复杂。简单的原因在于，如果问题非常清楚，那么也就很容易寻找解决问题的方法。而复杂的原因在于，把假设推翻，重新建立假设。

1. 分析和论证的原则。

（1）要以假设为前提，以事实为依据，最后采用结构化进行论证。

（2）分析时要尽可能简化。

（3）要充分利用团队而不是个人的力量。

（4）对困难要做好一定的心理准备。

（5）不要害怕创新的理论和方法。

2. 分析论证的方法。

（1）因果分析。注意事项如下。

①不能把问题的结果当成原因。

Note

Note

②寻找问题的主要原因。

③使用一果多因以及一因多果的方式。

（2）比例分析。注意事项如下。

①分析的因素之间要存在定性的关系。

②定性关系可以用比例度量。

③要同标准或者已知的情况做比较。

（3）标杆比较。注意事项如下。

①确定一些能够进行标杆比较的问题。

②找到最佳等级的竞争对手。

③收集相关的标杆数据。

④比较分析企业自身与标杆企业之间的差距。

⑤制订一整套缩小与标杆企业之间差距的方案。

（4）趋势分析。注意事项如下。

①关注相关数据、资料信息的发展趋势。

②未来的信息不是过去信息发展趋势的延伸。

③采用德尔菲调查法。

（5）模型分析。注意事项如下。

①要体现咨询公司具有的实力及特色。

②采用大量的资料与项目经验作为分析基础。

③采用专有的、差别化的分析方法。

Note

第六步：提出建议，导出总结性的结论

经过前面的5个步骤，我们可以对问题提出相应的建议，也就是导出带有总结性的结论。具体步骤如下。

1. 总结问题，并得出分析的具体结果。

2. 根据结果建立相关的论点，但应注意，要按照结构化的方式组织我们的论点。

3. 根据前面得出的论点，进一步推出解决方案的建议。最后再针对问题的关键因素，为客户制订一份具体的行动方案。

第七步：表达方案，得到客户的认可

我们最后得出的结论，还必须得到客户的认可。如果客户不认可最后的结论，就可能会推倒重来。

因此，为了确保成功，我们在得出阶段性的结论时，就要提前与客户公司各个层次的人员进行全方位的沟通。一方面，可以听取一些有意义的反馈意见，及时加以改进；另一方面，也能为项目成功打下一个良好的基础。

此外，我们在推出最后的方案时，应该使用大量的图形或图表，这样不但可以使我们表达的内容更加清晰，而且也更容易让客户接受。

Note

1. 对问题性质与内容进行描述时，可采用下列图表。

（1）历史对比图。

（2）柱状图。

（3）饼状图。

（4）散点图。

2. 对问题进行分解，并描述导致问题发生的各种原因时，可采用下列图表。

（1）树状图。

（2）鱼骨图。

3. 对问题进行分析论述时，可采用一些模型图。

第八章
如何提升个人能力

就像世界上有了锁，就必然会存在与之相对应的钥匙一样，问题与解决问题的方法也是共存的。而如何找到最适合、最高效的工作方法，提升自己的工作能力，是每一个麦肯锡员工都要认真对待的问题。

——麦肯锡公司咨询顾问　艾森·拉塞尔

不要杂乱无章地进行工作

Note

> 建立一个好的工作环境和秩序，即可提高工作效率；如果工作无序也毫无条理，经常在杂乱无章的环境中寻找文件、工具，就会在无形中浪费很多时间和精力。
>
> ——麦肯锡公司咨询顾问　艾森·拉塞尔

工作条理化的一个重要方面，就是要保持办公桌面整洁，文件摆放有序。有人却把在办公桌上乱放东西当成了一种工作常态，他们认为在十分随意的环境下工作会非常放松，但

Note

实际上这是一种恶习。

杂乱无章的工作习惯，是一种坏习惯

如果办公桌上经常摆放着各种物品，那么就需要花费一点儿时间整理一下了。一位西方资深管理者对此做出了这样的解释："我们不想忽略所有的东西，于是就将这些东西全部放到办公桌上，这样就可以很容易地看到它们。"

如果资料越堆越高，物件摆放杂乱无章，就可能记不住堆积物下层摆放了哪些东西，还有可能在一大堆的资料中，埋头苦找其中某个摆放得十分隐蔽的文件。结果，把很多时间浪费在查找文件、资料上了。而且，那些随意摆放的物品，还会经常干扰我们的注意力。例如，当我们正在用心工作时，视线可能就会被一些小纪念品、手表或者其他与工作无关的物品所吸引，这样就会大大降低我们的工作效率。

那么，如何整理自己的办公桌，使工作更加井然有序呢？

1．首先要把办公桌上所有与当前所做工作无关的东西全部清理干净，然后把需要处理的资料全部找出来，并放到办公桌上比较明显的位置，再把剩下的文件、资料等进行分类，最后放到档案袋或抽屉内。这样我们就可以随时提醒自己，目前所做的工作是最重要的工作，要将全部的精力集中在这件事上，也就是一次只做一项工作。

2. 不要轻易放弃现在正在做的工作。如果我们在目前重要的工作还没有做完时转做其他不相干的工作，就会因此受到干扰。这样可能会受到情绪、思路方面的影响，就连我们的办公环境，比如办公桌也会变得非常混乱。因此，我们要尽量把当前的工作做完，再开始处理其他工作。

3. 当完成一项工作后，我们要立即将与其相关的资料收拾整齐，然后按照所对应的类别将其整理到相应的位置上，绝对不能随随便便就摆放在办公桌上。

另外，在整理办公桌，取走目前不需要的资料、文件时，我们可以按照重要性以及先后顺序，对它们进行整理、分类。接下来我们要大致查阅一下即将开始的工作所需要的文件，并把文件放到不同的档案袋中，最后在档案袋上面进行简单标注，以方便日后随时查阅。

关于那些待办的或者是日后处理的，但不是目前需要解决的重要工作，我们也要对其相关资料进行归类并放到抽屉中。

对于闲暇时查阅的，并且是非常喜欢看的书、杂志、报纸等材料，在看完以后最好放到办公柜中，因为如果在工作时将这些东西摆放在我们的面前，就会转移我们的注意力，占据我们的可用空间。

Note

与工作相关的所有客户、媒体、出版社以及其他来访者所留的姓名、电话、地址、电子邮件、名片等资料，也需要我们分类整理好，并放到容易看到的位置上，以便我们能够随时查阅。

如果我们按照上述标准对办公桌进行清理并养成习惯，那么在提高我们的工作效率方面，效果是极为明显的。我们可以从现在开始，尝试一下。

总之，假如你想成为一个众望所归的人物，成为一个无人能及的人物，就必须扫除所有杂乱无章的念头。否则，若是既要顾到这个，又要顾到那个，不管哪个只能将就一点，结果当然是一事无成。

不可忽视的废纸篓

一个十分普通的废纸篓，却可以称得上是文件分类方式的主要部分，因为我们可以通过废纸篓中文件的多少判断每个人处理文件，也就是如何利用时间的情况。

减少文件堆积如山的最有效工具，就是一个大废纸篓，因为它是放置废物、丢弃文件的好地方。一旦向废纸篓中丢弃了文件，就再也找不到了。如果把文件放在柜子里，就会占用我们很多空间和时间，最终却可能一点儿用处都没有。那么，我们应该如何取舍呢？

此时，我们可以计算一下，归档各式各样的资料会占用我们多少时间。如果在我们真正需要资料时，可以在公司其他部门或者档案中找到，甚至我们只需要打一个电话就能够解决问题，那么丢弃这些资料，也就是把它们扔到废纸篓中，也就丝毫没有问题了。

Note

Note

提高工作效率，每天制作一个表格

麦肯锡的工作习惯是每天制作一个表格。只要养成了这个良好的习惯，就会大大提高我们的工作效率。同时，表格在商业沟通中扮演的角色也是不可替代的。

——麦肯锡公司咨询顾问　艾森·拉塞尔

很多人的工作忙碌、凌乱，所以经常把自己搞得晕头转向，甚至还会遗忘一些非常重要的事情。为此，麦肯锡建议大家每天制作一个表格，完美提高工作效率。

Note

每天制作一个表格的好处

每天制作一个表格可以帮助我们提高工作效率，但前提是必须做到持之以恒。突发奇想、心血来潮，仅凭借一两个表格就想着给工作带来明显的效果，是绝对不可能实现的。

如果我们坚持一个月，就会发现表格让我们收获了很多意料不到的效果。因此，每天制作一个表格，是麦肯锡公司有效管理时间、提高工作效率的秘诀。以下是制作表格的好处。

1. 制作表格可以明确我们的目标。表格能够让目标变得可以触摸，这样就能够避免无谓蛮干。

2. 制作表格可以帮助我们节省大量的时间。当制作好表格以后，我们就可以将事情按优先次序进行排列，这样就能明确一些事情是做还是不做。此外，排定优先次序还能帮助我们把最重要的事情排在最优先考虑的位置上。

3. 制作表格还可以调动工作积极性。当即将结束一天的工作时，我们如果再检查一下表格，就可以发现有哪些工作还没有完成，哪些工作还能做得更好。这样一来，我们就能够充分地调动自己的工作积极性。

Note

如何制作一个简单的表格

时间对我们每一个人来说，都是一样多的。我们却会发现，有的人不善于利用时间，而有的人却非常善于利用时间。善于利用时间的人会合理安排自己的工作，分配好工作中各个环节所占用的时间。他们还能够利用一些空闲时间，为自己的工作制定一个简单的表格。

那么，我们应该如何制作简单的表格呢？为此，麦肯锡建议大家要静下心来总结自己，每天要做的最重要的3件事情是什么？然后把它们一一记在表格里，不要在意文字是否整齐，只需将要点记下来即可，而且将其放在容易找到的地方。接下来，我们再考虑第二天的工作计划，并仍然用表格的形式把它们记录下来。

表格就像是身边的一面镜子，天天对着它，就能够清晰地发现我们工作状态的好坏；同时，还能加强我们的进取心，帮助我们保持工作的激情，从而能够更好地工作。

制作图表的基本原则

麦肯锡公司还有一项非常重要的原则，那就是利用图表给客户分析问题。这是因为，图表是一种非常直观的表达方式，能够简化一些看起来非常复杂的问题，而且有利于我们理清思路、分清主次，甚至还能把一些复杂问题，以非常简洁、清晰的方式呈现出来。这样客户也就更容易接受我们所要传达的观点。

麦肯锡公司的另一项原则是，每份图表只传达一种信息，并且用简单的句子作为标题。如果想让图表传达更复杂、多种的观点，那么制图者就可以把每一个信息复制到新的标题下，而且还要突出所表述的观点。

此外，麦肯锡公司要求，所有信息的资料来源要标注在图表的左下角，客户可以获悉信息来源，其他人员也可以通过查阅资料追根溯源。

现在，我们介绍制作图表的6项基本原则。

1. 图表的差异越大越好。因为差异越大，就越能够突出重点。

2. 图表越简单越好。图表越简单，客户就越能够集中注意力。

3. 图表越有创造性越好。那些有创造性的图表可以给客户带来惊喜，并使客户处在非常兴奋的状态下，也就更能够接受我们的观点。

4. 把标题作为主要信息。简洁、清晰、明确的主题，可能会让客户立刻了解我们所要传达的观点。

Note

Note

5. 在重点表述的观点中，要适当添加一些可以突显重点的形式，比如标注特殊的颜色、阴影、字体、比例尺、箭头等。

6. 图表要同阅读习惯相适应。我们知道，人们的阅读习惯是从左到右、由上到下。图表也要符合这个特征，否则，就会让客户很不习惯，造成理解方面的困难。

培养分析及解决问题的能力

Note

分析问题是解决问题的先决条件，但归根结底还是属于逻辑思维的范畴。而逻辑思维的基本要求是“主张之后，再提出论述”，即让主张有其理论依据。

——麦肯锡公司咨询顾问　高杉尚孝

在麦肯锡公司，运用逻辑思维被认为是解决问题的基本能力，而且也是一项非常重要的技巧。但很多人并不擅长运用逻辑思维解决问题，因此，锻炼自己的逻辑思维能力就显得非常重要了，而最好的锻炼方法就是多读书、多学习、多思考、多实践。

要多读书、多学习

读书时要围绕着解决问题来读，并吸取其中的知识点，千万不可盲目读书，而要明确能从读书的过程中学到哪些知识，但具体情况也是因人而异的。我们在读逻辑学方面的书时，对概念、词项、判断、命题、推理、论证与证明等思维方面的论述要特别注意，掌握好这些内容对我们日后的学习有很大帮助。具体来说，掌握这些内容有以下好处。

1. 当其他人提供知识描述时我们不能轻易接受，除非对方可以给出一个“可靠的论据”，否则全都只能是参考，也就是要批判性地吸收、接受知识。

2. 有利于我们分辨出哪些是无用的知识，哪些是有用的知识；或者哪些是虚假的知识，哪些是真实的知识。

3. 有利于我们提高分析、判断的能力，使得我们在阅读时能够抓住关键问题和重点问题。

要多思考、多实践

多思考不是盲目地想到什么就是什么，而是要带有目的地

Note

进行思考。通常情况下，多思考需掌握以下几点要诀。

1. 抓住核心问题。思考时要先弄清思考要解决哪些问题，也就是围绕什么问题思考，与所要解决的问题有哪些关联，是否能够构成一个新问题。

2. 思考前要明确所思考的对象的概念。因为只有明确获知思考对象的概念，才能够对与此相关的问题展开思考，也就是懂得应该朝哪个方向思考。这一点好像与自学经历比较相似，因为自学就意味着自己指引自己，也就是能够指引的就是问题本身。如果对问题没有了解得很深刻，就不知道应该怎么进行下一步，而了解、熟悉、懂得问题的整个过程，就是一个对问题的理解不断深入的过程。在这个过程中，我们分析、理解问题的能力就会逐渐得到提升，解决问题的能力也会得到提高。

3. 思考绝对不是凭空思考，必须要有基础。思考不是只在概念上的思考，而是通过不断输入相关的更广泛的知识，使思考的活力被充分地激发起来，进而创造性地获得更多解决问题的想法。因此，有人会这样说："书读得越多，就越明白自己的无知。"

"多实践"，其实也比较好理解，那就是在读书的过程中还要不断运用前面章节提到的"金字塔原理""30秒电梯法

Note

则”“知、感、行”这些好的方法，毕竟“思考”和“实践”是完全不同的。

“冥想”是理清思路的好方法

苹果公司前总裁史蒂夫·乔布斯在生前，无论工作有多么繁忙，他都会在每个周六的早晨坐禅，“冥想”一段时间。这是因为，冥想可以让人的感官变得更加敏锐，思路也会变得更加清晰。

但很多人都会觉得，每天的工作繁忙，根本没有“冥想”的时间。如果你的思维由于工作繁忙而变得迟钝，就会用在很多无用的工作上，导致工作效率急剧下降。因此，如果我们工作繁忙，就更应该适当抽出一些时间用于理清思路。

此外，我们在思考时绝对不要疲于思考，要一边放松，一边集中，这是我们提高思考质量最重要的一点，同时也是最容易忽视的一点。这是因为，如果疲于思考，那么即使再努力转动自己的脑筋，也难以得到好的结果，有时候反而会逐渐陷入不利的境地。这样不但整个人的情绪会变得十分焦虑，而且工作也做不好。

在这种状态下久了，我们就会逐渐丧失信心，并且在很多场合都不能顺利地展开工作。因此，思考时注意一边放松，一边集中，就显得非常重要了。因为我们在没有感到疲乏的时候，能够很自然地集中精力，这也是我们大脑的特征。这就是说，绝对要杜绝徒劳思考。很多麦肯锡使用的思考的框架工具，对于我们避免徒劳思考，效果是非常好的。

Note

Note

从简单到复杂，先摘好摘的果子

把工作中最简单的部分作为起点，然后循序渐进，有步骤、有节奏地向前推进，这样，我们就能够更有效地开展自己的工作。这就是说，从一个易于成功的对象开始，成功就显得容易了。

——麦肯锡公司资深合伙人　罗勃·洛威茨

当很多复杂的问题摆在我们的面前时，如果首先从容易解决的问题入手，就有可能会轻易获胜。因为这样就会大大鼓舞士气，甚至可以说，良好的开端就等于成功了一半。

Note

先易后难，短时间内做更多容易的工作

先易后难，是麦肯锡解决客户项目时一贯采用的原则。实际上，这项规则涉及客户在与客户长期的合作关系中我们如何使客户满意的问题。无论客户是产品的购买者、服务的对象，还是老板，都应该使客户保持快乐，并让客户知道，他们才是我们服务的最优先的对象。

举例来说，一个软件设计的项目交货周期为3个月，如果我们能在2周内，就把一个可以解决部分问题的程序完成，然后毫不迟疑地拿给客户和老板看，那么，虽然目前只能解决部分问题，但仍然可以让客户和领导满意，因为哪怕是一些小小的胜利，也有助于提升我们解决整体项目的士气。

先摘好摘的果子，也就是先从最容易、最有把握的工作入手，这是麦肯锡公司近百年来经过工作实践得出的一个非常行之有效的工作方法。

其实，先易后难不是意味着我们在工作中避重就轻、投机取巧，而是我们在首先解决了一些简单的工作之后，心里就会自然而然地建立起一种信心，那就是确信自己能够实现目标。这样，在之后解决困难的过程中，我们就能更容易地接受困难的挑战，也能够勇担重任。同时，先易后难地开展工作，也是

Note

一个循序渐进的过程，而且我们对这个过程肯定也会越来越熟悉。因此，当遇到的困难越来越大时，我们也能够冷静、沉着地应对。

如果我们在刚开始展开工作时就立刻做最困难的事，那么往往失败的概率也比较大。比如，如果把一项非常重大的工作任务交给麦肯锡公司一位刚刚入职的新手，那么最终很难一下子就解决问题。只有当新手逐渐积累了工作经验，才能完成任务。对麦肯锡的新人来说，积累经验的过程往往都是先从身边的小事开始做起的。而在工作的过程中，我们也都是先从可以入手的地方开始，这个成长的过程不但条理清晰，而且还能逐渐让新人充满信心，并心情愉快地开展工作。

成功都是逐步积累的结果

对举重冠军来说，他们肯定不能在刚刚开始练习举重时，就能够举起得冠军成绩时的举重重量，而是先从能够举得动的重量开始，这样，经过一段时间训练后，才逐渐增加适合他们的重量。这一原则同样适用于其他项目，也就是先从容易成功的对象开始做起，然后逐渐延伸到稍微困难的任务上。

当我们的技能逐渐提高到一定高度时，即使稍加抑制也很管用。暂时把目光稍微降低一些，然后以一种非常放松的心情

Note

去练习，这也被称为“停滞点”。意思是当我们达到了停滞点后，即使再用功也很难获得更多的进步。此时，如果非要硬冲过这个停滞点，就可能会产生情绪上的紧张、压抑等各种习惯性的感觉。

因此，在这种情况下，举重者可以适当降低举重的重量，稍加抑制，等到情绪、身体恢复到很好的状态以后，就能够取得很多意想不到的效果。

一次只做一件事

一次只做一件事，也就是说我们在一段时间内只能有一个思考重点。对思考最不利的情形就是思维混乱。也就是说，我们千万不要把心思分散在过多的事情上，否则只会降低我们的工作效率而徒增很多烦恼。这是因为，大脑里面如果储存了过多的信息就会阻碍我们正常思考，就像电脑内存里塞满了太多的处理命令，而导致运行缓慢甚至死机一样。

美国纽约中央火车站的问询处人潮拥挤、人来人往，大量旅客都争先恐后地向问询员询问问题，并希望能够立即得到。但问询处的服务人员却镇定自若，因为他们只需一次处理一位旅客的提问，只有处理完一位旅客的问题，才换下一位。

很多人经常在工作的过程中把自己累得疲惫不堪，并导致

Note

工作效率低下，这在很大程度上，是由于他们没有掌握好“一次只做一件事”这个非常简单的工作方法。因此，总是试图让自己多做工作并保持很高的效率，结果却往往适得其反。

高效管理时间的技巧

Note

毫无疑问，时间是我们最重要的资源，因为它既不能替换又不能补救。就像富兰克林说的那样："你的时间用完了，你的使命也就到头了。"

——麦肯锡公司咨询顾问　艾森·拉塞尔

据调查得知，高效者与效率低下者的工作效率相差在10倍以上。因此，提高我们的工作效率也就等于提升了自身的竞争力。而麦肯锡公司自20世纪20年代成立以来，就逐渐形成了一系列非常卓越、高效的时间管理技巧。

Note

麦肯锡高效管理时间的技巧

1. 紧急任务，进行专制管理。由于麦肯锡公司的业务繁忙，因此经常处在紧急任务和重要任务的高压状态之下。所以，必须对紧急任务进行专制管理，确保有时间做那些更重要的任务。

2. “做正确的事情”远比“把事情做得正确”更重要。因此，高效管理时间，就是用最少的时间，获得最大的效果。

3. 不能忽视目标，而重视过程。有人终日忙忙碌碌，这似乎成为他们每天的目标。这些人却往往会把“动机”当作“成就”，结果变成不能支配工作，却被工作所左右。

4. 时间预算不切实际。如果按照著名的墨菲律第二定律：每件事情做起来，都要比之前设想的多花费时间，那么最终花费的时间，就会变得难以想象。

5. 有选择性地忽略一些可以自行解决的问题。这样即可保留大量的时间和精力，并将这些时间与精力用在更有用的工作上。

6. 合理安排时间。时间不宜安排过松，也不宜安排过满。这样就可应付一些个人无法控制的事情。

7. 做出决策时，要坚决、果断。解决问题时的犹豫不决，很多时候都会让问题变得更加糟糕。

8. 学会合理授权。如果不需要自己做，别人也能做得很好，就要学会授权。

9. 不必汇报无关大局的事情。通常只有在出现重大问题时，才应考虑向上级领导汇报。否则，就会浪费你和领导的时间。

严格执行“二八法则”

很多工作效率非常高的人，都会把时间集中在“关键性的少数工作”上。这就是我们常说的“二八法则”，即少数的关键性的工作（占20%左右），能够创造出绝大部分的结果（占80%左右）。

按照“二八法则”，我们在处理工作时就要分清轻重缓急，然后进行如下排序。

1. 重要且紧急的工作，比如，公司的一些公关、处理突发事情等，必须当机立断，立刻去做。

2. 重要却并不紧急的工作，比如，培训、制订计划、和人谈心以及体检等。但如果没有更重要的事情，就不应拖延，而是将其作为紧急的事情去做。

3. 紧急却并不重要的工作，比如，请并不太重要的客户

Note

Note

吃饭等。这些事情应该在优先考虑其他更重要的事情以后，再来考虑。我们却经常犯这样的错误：把所有紧急的事情列为优先考虑的事情，而不是将重要的事情当成优先考虑的事情。

4. 既不紧急又不重要的工作，比如，在办公室打扫卫生等。这些事情就可以等到空闲时间再做。

养成良好的工作习惯

1. 为了提高工作效率，我们要养成下列良好习惯。

（1）不要乱放东西，使用完毕之后要物归原处。

（2）将所有整理好的东西编号，然后再贴上标签，并按照计划好的顺序来做。

（3）做好记录，因为“好记性不如烂笔头”。

2. 处理文件的3个注意事项如下。

（1）要迅速回复。

（2）把文件迅速归档，以避免丢失。

（3）对那些没有用的文件要及时清理，以免浪费空间和时间。

“间作套种”用脑法

在农业生产中，“间作套种”是一种比较常用的科学种田法。当农民在同一片土地里连续种植相同的作物时，土壤肥力就会下降非常多且会导致收成降低。因此，在同一片土地上要轮换种植作物，即“间作套种”。

我们的大脑和体力也是如此，长时间进行同一项工作内容就会感到特别疲劳，导致工作效率大大降低。为此，我们可以适当调换一下工作内容，这样我们就会产生一些新的兴奋点，脑力和体力就可能得到很好的调剂和放松。

Note

Note

优秀员工必备的良好工作习惯

如果有可能，在工作中要多利用优秀员工的工作经验，争取让公司中的资深人士成为你的导师。

——麦肯锡公司咨询顾问　艾森·拉塞尔

无论是生活还是工作，我们都需要有一个向导，而在工作中的向导也被称为导师。麦肯锡公司就始终保持着导师文化，麦肯锡公司为每位入职的新人都会配备一位导师，而且导师会对新人在麦肯锡公司的工作进行监督和指导。除此之外，我们还应该学习一些优秀员工的良好工作习惯。

Note

培养自己的人脉

1. 牢记对方的姓名，这是培养自己人脉的开端。另外，当记住了他人的名字后，在见面时可以采用以下方式称呼对方。

（1）可以在做自我介绍时，立刻就说出对方的名字。

（2）可以在提问时轻松地说出对方的名字，比如我们可以这样说："×××，请问你是哪里人？"

（3）在与对方告别时说出对方的名字，比如："×××，我们今天聊得很开心，期待下次见面。"

2. 尝试选择不同的场所和时间与对方见面。比如，这次是在午餐时与对方见面的，下次就可以选择晚餐，或者是由吃饭改成喝咖啡，这样可以拉近双方的距离。

3. 无论自己有多忙，每周都要抽出时间与不同行业的人见面。这是因为，与不同行业的人聊天，就可以让自己从不同的角度体验、了解不同行业的信息，而且还能跳出当前的思维视角。另外，当你对超越利害关系的人脉有依赖的时候，你的人际关系才会得到进一步的发展。

培养自己思考没有标准答案的问题的习惯

我们都知道，有些学生非常习惯也非常善于解答有标准和

Note

固定答案的问题。但在商业环境中，这就不是一个好习惯，我们应该培养自己能够自主思考问题的能力，并从多方面、多角度找到所需问题的答案。

既要学会读书，又要学会思考

读书很重要，但实际上读书之后的思考更重要。按照习惯，麦肯锡员工通常读书后要花3倍的时间进行思考，并且还要按照章节进行总结，列出逻辑构成，摘出书里的中心思想，最后再按照自己的理解进行总结。

通过关注新闻培养市场感

1. 在关注新闻之后，我们首先应该考虑人们会有哪些反应。例如，一条重要的财经新闻，会对下周的股市产生哪些影响，股市会变成空方还是多方，判断的依据有哪些，这些又是如何推导出来的。我们可以把这些预测写到日记中，留待日后检验预测以及推导的过程是否正确。

2. 不仅要注意新闻，还要注意新闻的登载方式。比如，有一些人通过关注《人民日报》与《新闻联播》上的新闻，就能够判断出未来的发展趋势。

3. 培养同时读多份报纸的习惯。这是因为，不同类型的报纸对同一新闻的观点是有区别的。例如，我们可以同时关注国内外不同媒体的报道，借此为自己的预测提供更多的判断依据。

培养逻辑推理的习惯

麦肯锡的咨询顾问每天都会制作各种逻辑清晰的图表，这并不都是为准备资料才制作的，有时是为了理清自己的逻辑思路，进而推导出令人信服的结论。

推导时要注意独立思考，并找出问题的答案。否则，当遇到新问题时，我们就很难形成自己的解决思路。

借助纸和笔来思考

纸和笔有电子设备所不具备的优点，比如，我们在与领导或者同事讨论时，就要时刻记下有疑问的地方，然后进行讨论。这样就会使论点明确，使自己做到有备而来。（我们可以参考之前介绍的 A4笔记法）

良好的着装习惯

对于麦肯锡这样的咨询公司，服装的整洁要比服装的个性重要，而且着装要给人一种干练感。

Note

Note

比如，整洁的形象可以先从鞋子开始。因为外籍客户对如何穿鞋是非常重视的，甚至有人会把擦鞋作为一种放松的方式。因此，我们在见客户前，必须穿上一双干净的皮鞋，这样才能增强我们的自信。

管理时间的习惯

在麦肯锡公司有个不成文的规定——无论遇到了什么情况，都必须提前10分钟到场。

此外，我们还要提前准备好第二天的工作清单。

拥有良好的沟通效率

要想拥有很好的沟通效率，我们应该按照下列方法操作。

1. 要在3秒钟内打开笔记本，以便随时记录下需要记录的信息。

2. 当接到具体的任务时，要当场予以确认。

3. 在5分钟内开始安排工作进程和计划，如有疑问则立即确认。

第九章

如何防范危机

解决问题的最高境界，不是仅仅着眼于解决过去发生的问题，而是在日常的工作中，积极寻找可能发生问题的潜在因素或不良状态，并将其扼杀在萌芽状态。也就是说，危机防范，是解决危机的最好方法。

——麦肯锡公司咨询顾问　艾森·拉塞尔

如何从“分析”问题中发现危机

Note

> 很多时候，在发现危机之前，我们并没有意识到解决危机和采取相应行动的必要性。因此，防范危机的起始点，就在于“发现问题的存在”。
>
> ——麦肯锡公司咨询顾问　高杉尚孝

当很多人每天都在为工作忙忙碌碌时，实际上我们很难发现企业存在什么样的问题。可是，一旦发现期待的目标与企业的现状之间存在很大的落差，就会很容易发现问题，识别危机。

Note

使用SCQA分析法发现问题

SCQA分析法是麦肯锡公司常用的一种发现并分析问题的方法，指的是在发现问题的过程中，通过描述当事者的心理状况，用设计提问的方式刻画出课题的一种问题接近法。

SCQA中的“S”为“Situation”，指情景或者场景。这种情景或场景通常由培训师首先描述或引发出来，但必须是大家比较熟悉的，而且还要与传给学员的观点密切相关，一般是比较简单、容易提问的。但要注意，描述情景或场景的内容不宜太长，以两句长句子为宜。

SCQA中的“C”为“Complication”，指冲突的意思。这要求培训师在前面的情景或场景中，应该表现出一些矛盾及冲突，而且矛盾或冲突必须由后面的“Answer（答案）”解决。

SCQA中的“Q”为“Question”，指的是引出问题。针对的是前面提到的矛盾和冲突，具体应该如何解决。

SCQA中的A是“Answer”，指的是答案或观点。如果想解决前面提到的矛盾和冲突，就应该按照培训师之前设计好的答案或观点解决。

Note

SCQA分析法的具体步骤

1. 无论当事者是人还是公司，在操作前都应该确认好当事者的具体形象。

2. 描述当事者从前的经验、目前比较稳定的状态与心中的理想以及未来的发展目标。

3. 根据当事者提供的描述，假设一个正在颠覆当前稳定状态下的事件。

4. 用自问自答的形式，假设出各种课题。

5. 思考问题，并给出最终的答案或观点。

课题的本质

前面提到的课题，属于问题背后的问题，那么其本质是什么呢？

1. 实施了错误的解决策略，反而会让问题变得更加严重。

2. 要想正确地设定课题，就必须要思考一些集中的替代方案。

3. 解决方案只能从很多种方案中选择一种，但不能只考虑一种方案。

4. 明确说出本质课题，这是解决问题的第一步。

Note

5. 课题如何设定，决定着解答的具体范围。

6. 如果课题设定得太表面化，就不能解决问题的本质。

7. 设定出具体本质性的课题是解决问题的关键。

8. 如果课题的定义不同，那么思考出来的替代方案也会不同。

如何更加理性地评价各种替代方案

1. 不要做出任何评价，只是列出所有可能的解决策略。

2. 尽量思考并提出大量的想法，并踊跃发言。

3. 是鼓励而不是批评别人的想法。

4. 必须明确替代方案的评价标准。

5. 评价替代方案时，最重要的因素是确认替代方案能否解决实际问题。

6. 不能把追求解答的手段，当作解答问题的本身。

7. 找到那些不可退让的“制约条件”。

8. 找到所有符合替代方案的“期望条件”。

9. 首先为期望的项目进行评比，然后再评价替代方案。但操作时要用具体的数据，体现替代方案的价值。

10. 不要忘记进行负面评价。

Note

发现问题，是极为重要的能力

前面我们已经提到，防范危机的原点就在于“发现问题的存在”，而发现问题，最关键、最重要的就是对变化要有足够的敏感度。这就是说，问题必须要靠自己对问题发生变化的敏感性，才能被发现并找出来。但无论问题的真实性如何，一些被动的态度都是不可取的，发现问题需要我们具有积极的态度，然后发掘出问题的所在。

此外，在自己权限范围内的问题，才是我们能够解决的问题。但也要注意，我们看待问题时，不能只挖掘一些蛛丝马迹，而要用更开阔的视野把握问题的整体面貌。这就是说，我们的视点要具有大的格局，但不能超越自己的权责范围，这样，我们才能以当事者的身份，解决具体的问题。

下面介绍一下有助于发现问题的几个问题。

1. 当前的状况与未来期待的状况之间，有无比较大的落差？

2. 当前的状况有无发生哪些变化？

3. 在整个项目的推进过程中，是否发现有哪些地方进展不顺？

4. 有哪些问题始终没有达到标准？

Note

5. 有哪些事情，并不是我们之前预期的状况？

6. 如果对当前的不利状况置之不理，那么以后是否会发生更加严重的状况？

企业解决问题的3种防范类型

Note

> 根据期望以及产生落差发生时间的不同，企业面临的问题可以分为恢复原状型、防范显在或潜在型以及追求理想型这三种类型。
>
> ——麦肯锡公司咨询顾问　高杉尚孝

在麦肯锡公司，企业的核心问题就是“解决问题”，解决问题需要我们不断摆事实、查原因、提方案，只有这样最后才能拨开层层的迷雾。而问题分析的本质就是：期待的状况同现状之间的落差，并且用“课题”表示追求答案的提问。

Note

在解决复杂问题时，在主观的认知上常常会有先入为主或者缺少合理假设的情况，这样就会导致有时候头脑发热，尽管想要全面地考虑问题，可是往往会适得其反。通常情况下，企业面临的问题可以分成下列3种类型。

1. 恢复原状型。

2. 防范显在或潜在型。

3. 追求理想型。

恢复原状型指的是恢复成企业原本的状态，当碰到这种需要解决的问题时，要把企业原来拥有的状况视为目前期待的状况。恢复原状型的特点，是把恢复企业的原来状态当成了一种期望。因此，处理这种类型问题的流程可以分成下列3种形式。

1. 紧急处理。

2. 根本解决。

3. 防止复发。

通常“紧急处理”的形式是治标不治本，问题可能会周而复始地发生。而“根本解决”的形式，需要我们从事实出发，也就是调查事实并分析具体的原因。其中，“分析”指的是针对对象的状态与现象，追根溯源并筛选出问题的所有构成要素，然后从细节处了解要素之间的各种关系的过程，最后把比较混沌的现实变成有意义的群组，进而明确因果关系的一种脑力作业。

同时，要确立其因果关系，就必须同时具备下列3个条件。

1. 被视为原因的X因素与Y结果之间必须有一定的关联。

2. 被视为原因的X因素，必须要发生在Y结果的前面。

3. 原因与结果之间，不能有其他的干扰因素。

对于第三种形式“防止复发”，如果企业的问题频繁发生，就要考虑防止问题频繁复发了，其方法与下面要介绍的“防范显在或潜在型”的问题类似。

防范显在或潜在型

防范显在或潜在型的问的本质是“预防”和“应对”同时进行。显在型的问题包括明显可见的、已经发生的不良状况的问题；潜在型的问题指的是目前阶段还没有发生损害，但已经可以预期未来可能发生的问题。

通常解决这一类问题有下列两种方法。

1. 自上而下法。

2. 自下而上法。

追求理想型

企业追求理想型的目的，是改善现状。这可以解释为，尽

Note

Note

管该类型的问题对企业的经营目前没有什么重大的影响，可是基于未来发展的需要，而将其视为一种解决问题的类型。解决追求理想型的问题的难点是，把最终的理想状况设定在什么位置。也就是说，我们需要寻找一个“标杆”，从而找到其中的差距，并消除这个差距。

因此，企业的价值观往往就能够决定理想的定位。如果企业的理想不明确，那么我们还需要从战略思想的角度思考，并确定最终的理想。当企业的理想确定以后，我们就需要进行规划性思考了，以明确具体的行动计划。规划性思考通常分为如下4个步骤。

1. 期限。首先要设定实现理想的具体期限。

2. 必要条件。实现理想有哪些必要条件，这些条件需要一一列出。

3. 技能。要掌握实现理想所必备的技能。

4. 计划。最后要制订实现理想的具体实施计划。

此外，在追求理想型的过程中，千万不能混淆手段和目的。而且我们只有在价值观明确的前提下，才能思考、规划出理想的具体标准。但也要注意，即使是在价值观维持不变的情况下，理想也可能会随着环境与时代的变化而改变。

危机管理，需要防范潜在问题

Note

预防危机的发生，是解决危机发生的最好方法。而越是那些体型硕大的公司，就越容易犯那些十分低级的错误。

——麦肯锡公司咨询管理专家　汤姆·彼得斯

麦肯锡公司曾经对很多企业做过非常广泛的调查，结果证明，很多公司在危机出现之前都出现过非常明显的征兆，并且如果事先进行积极预防，危机就能够被避免。但大部分公司都特别缺乏危机管理意识和经验，最终导致损失十分惨重。

Note

危机管理的概念

危机管理指的是，公司在发生危机时为了消除或降低危机所带来的损失，而采取的规划、调整、化解、处理等活动的过程。对危机而言，它是一种突发或渐进的发展变化，而所引发的紧急事件必须立刻得到解决。

危机管理是一项专门的管理学科，它是为了尽量让危机所造成的损害降低到最低点，而提前建立的一种防范体系、处理体系以及对应措施。很多世界“500强”企业在发展过程中，都经历或受到过危机的挑战。

但麦肯锡公司认为，危机的本身不但包含失败的根源，而且还孕育着成功的种子。变不利为有利，最终收获潜在的成功机会，即为危机管理的精髓。也就是说，如果能够做好危机管理，企业的“危机”就可能会演变为企业进一步发展的“契机”。

很多人都不清楚，战国时期名医扁鹊的两个哥哥也都是名医，只是名气没有扁鹊大而已。但当有人询问扁鹊他在兄弟三人中的医术排在第几时，扁鹊这样回答道，自己的医术只能排在最后。人们不解，扁鹊就笑着解释说：“老大的医术是最高

Note

的，因为他在病人的疾病还没有发作时，就已经把病人的病治好了；而老二的医术稍差一些，他是在病人的病刚刚发作时，就把病人的病治好了；而我只能在病人的病情发展到十分严重时才能找出病因，然后才出手将病人治愈。这样看来，虽然我的名气很大，但实际上比起我的两位兄长，我差得很多。”

这个例子说明，企业与我们普通人一样，也会“生病”，即发生危机，因此，企业要正视危机的发生。如果企业能够像扁鹊的大哥一样，在危机还未真正发生时，即可化解危机，那么就达到了危机管理的最高境界。

而扁鹊的二哥，在危机刚刚发生于某一个点上时，就能够立刻采取措施，不让其扩散，使得企业可以化解危机，这是危机管理的第二境界。

而扁鹊是在企业的危机发展到一定程度时才开始出手，尽管也可以最终化解危机，可是付出的代价要远远大于他的两位兄长。因此，企业不但要具有危机管理的意识，而且还要提前掌握危机管理的防范措施，这是企业防范、抵御危机的最有力武器。

Note

危机管理的防范措施

1. 产品不可能永远不出现问题，因此要树立危机防范的意识，这通常需要从企业的领导人开始做起。

2. 建立危机管理的机构。这样，当危机突然发生的时候，这个机构就可以立刻转型为处理危机的领导核心。

3. 建立危机的检测系统。很多企业危机在爆发以前，都会显示一些相对应的征兆或者信号。因此，当企业建立起危机的检测系统以后，企业在经营过程中就可以随时进行监测，就能够及时地化解危机。

4. 设想企业可控的受损程度，并制定危机管理的具体方案。当危机发生以后，要立刻找出所有未来事件发展的趋势和潜在影响，确定企业对各种问题的应付态度和办法。然后，要确定一些急需采取的行动方针、具体的解决方案以及行动计划，并根据事件发展的需要制订相应的具体修正方案。

5. 建立企业内部的媒体公关培训，以便在危机发生时，企业可以冷静、坦然地面对媒体，并解答媒体提出的各种问题，这也是化解危机的一个关键步骤。

6. 建立并维护一个长期的、良好的媒体合作平台，并经常与其沟通，以便能够得到媒体的支持。

7. 企业的各个部门要学会对风险进行分类，加强企业内部的流程管理，并提前进行一些危机演练，使得各个部门可以熟悉危机发生时自己的相应职责。

Note

Note

问题防范的自下而上和自上而下法

对于防范潜在型问题的两种途径——自下而上法和自上而下法，无论采用哪种途径，都首先要确定问题是引发企业不良状态的重要原因，然后才是找出预防和应对之策。

——麦肯锡公司咨询顾问　高杉尚孝

通过麦肯锡公司多年的客户咨询管理工作得知，很多企业都是等到问题发生，才开始非常忙乱、慌张地处理问题。而真正的问题解决者，往往会在事先做好准备，积极地防范潜在型问题，然后从容、正确地应对并解决问题。

自下而上法的步骤

自下而上法指的是，从一些个别的现象和状况中，思考出可能引发的不良状况。当运用自下而上法时，首先要从当前能够观察到的特定状况或者现象开始实施。

自下而上法通常有以下4个步骤。

1. 从企业的现状中确定必须注意的一些特定因素。此时运用差异分析法有助于我们在现状中确定那些必须注意的一些特定因素。

2. 假设不希望发生的一些不良状态的因素。这一步骤要求我们做出具体的归纳，也就是带有逻辑性的思考出各种可能的因素。比如，“所以呢？”“之后会怎样？”等带有提示性的疑问。然后，从这些因素中找出潜在性的重大问题，也就是成为诱因的不良状况。

3. 拟定好相关的预防策略，并排除所有可能引发的诱因。在这个步骤中要区分可控制诱因和不可控诱因。但如果花费更多的时间排除这些不可控的诱因，那么反而会得不偿失。

4. 预先拟定好所有不良状态的应对策略。通常在问题发生以前就能够找到诱因，是非常难以做到的事情。因此，我们

Note

Note

最好在不良状态发生以前就准备好应对策略。

自上而下法的步骤

自上而下法指的是，先假定最后一定会发生某种不良的状态，然后再考虑所有引发不良状态的诱因。也就是说，首先要假设不希望发生的结果，并且从最终的不良状态着手，然后再找出相应的诱因。

在问题没有显在化的情况下，其实防范潜在型问题的本质就是要恢复成原状型的问题。从严格意义上讲，目标是维持现状。因此，运用自上而下法解决防范潜在型问题时，具体的步骤如下所述。

1. 假设不希望发生的一些不良状态。

2. 确定引发不良状态的各种诱因。

3. 拟定好相关的预防策略，并排除所有可能引发的诱因。

4. 预先拟定好所有可能发生的不良状态的应对策略。

在自下而上法和自上而下法这两种方法的4个步骤中，第3、4步是相同的。下面我们以轮胎磨损为例，介绍一下自上而下法是如何解决防范潜在型问题的。

在第1步“假设不希望发生的一些不良状态”中，影响开

Note

车安全的不良状态有很多种，但我们可以首先假设，由“轮胎磨损”严重导致“汽车打滑”，就是不希望发生的一些不良状态。

在第2步“确定引发不良状态的各种诱因”中，我们要找出能够导致“汽车打滑”这种不良状态的各种诱因。比如，下雨天路滑、猛踩刹车、打方向盘过猛等因素，但是，不可忽略的还有“轮胎磨损”这个与主题有关的因素。

在第3步“拟定好相关的预防策略，并排除所有可能引发的诱因”指，当第2步中已经确定了引发不良状态的所有诱因以后，我们就可以开始对这些诱因进行逐一排查，以得出真正的诱因。比如，当我们排除了下雨天路滑、猛踩刹车、打方向盘过猛等因素后，即可得出“轮胎磨损”是导致“汽车打滑”的唯一因素。如果我们能够排除一些可控制的风险因素，也就意味着我们拥有了采取预防策略的基础。

在第4步“预先拟定好所有不良状态的应对策略”指，当找到了导致“汽车打滑”的不良状态就是“轮胎磨损”以后，我们就可以采取适当的预防措施。比如，在驾驶汽车之前，要经常检查轮胎，如果发现轮胎出现了磨损，就必须及时更换轮胎。不过，为了做到万无一失，我们还需要做一些其他方面的预防措施，比如，下雨天要开慢一些等。

Note

以上内容，分别从自下而上法和自上而下法这两个方面，介绍、分析了如何防范潜在型问题。但在解决问题的实际过程中，我们也可以同时使用这两种方法，这对解决防范潜在型问题具有非常好的效果。

后记 Postscript

不进则退——麦肯锡的选才用人之道

头顶“全球最牛、最成功咨询公司”光环的麦肯锡公司的员工的平均在职年数仅为3～5年。他们离职后，也通常会被称为麦肯锡的“毕业生”，在这些人中，自立门户成立公司或在世界“500强”等大型企事业公司担任CEO者大有人在。

据有关数据统计，在全球年销售额超过100亿美元的公司中，有200多位现任CEO来源于麦肯锡的“毕业生”。麦肯锡被“福布斯”杂志评为“CEO黄埔军校”，这些顶级公司的CEO都离不开麦肯锡对他们领导力的培养。

麦肯锡的选才之道

麦肯锡的一位合伙人曾说，对麦肯锡来说，人才是其唯一的，也是最重要的资产。因此，麦肯锡选拔人才除了要求有一定的专业技能外，还非常看重员工在下列4个方面的素质。

Note

1. 具有分析与解决问题的能力。在招聘时，案例是麦肯锡必备的武器，麦肯锡通常在每一轮面试中，都会挑选很多案例对应聘者进行考察。但值得注意的是，这些商业案例大多没有标准答案，这样做看重的往往是应聘者是否具备解决问题的好思路和好方法。

比如，曾有这样一个让人摸不着头脑的题目："美国全国一共有多少座加油站？"处理这个题目，可能要从美国拥有汽车的数量入手，但汽车的数量又与美国的家庭、人口等因素有关。因此，应聘者能否得出加油站的具体数量并不重要，重要的是考查应聘者得出这个数字的分析和思考方法。

2. 具有与人良好的沟通、交际能力。对麦肯锡来说，"客户至上"是其一贯的宗旨。因此，每一个麦肯锡的咨询顾问，都会经常与客户打交道，也就是为客户服务。如果员工不具备良好的沟通、交际能力，那么也就不能胜任麦肯锡的工作。

3. 具有一定的领导力或领导力的潜力。麦肯锡公司具有独特的合伙人制度，也就是说，一个非常勤奋而且业绩优秀的员工，往往经过6～7年的时间就可以做到麦肯锡的董事，即合伙人。因此，麦肯锡希望招聘的员工具有领导意识以及领导能力，而不是一个简单的追随者。

4. 具有团队精神。在麦肯锡，任何咨询人员都可以访问公司内部的知识管理系统，了解、学习这些专业知识与信息，并使用麦肯锡全球系统的知识库。麦肯锡的每一位员工都可以在遇到难题时向全球各地的其他同事寻求帮助。这是因为，麦肯锡认为团队协作更容易取得成功。为此，一位著名的经济学家曾说，在麦肯锡，如果只比较一个咨询顾问，那么他可能并不是最优秀的，但他们组合起来，就是世界最强的团队组合。

麦肯锡独特的人才培养体系

麦肯锡在人才体系的培训上，有以下3个鲜明特色。

1. 以人为本，围绕员工的潜质为其提供适合自身发展的职业空间。有人曾做过这样的比喻，麦肯锡先把员工推到悬崖边上，但即使员工摔下去了，在悬崖的边上也会有一个网兜把他接住。麦肯锡这样做，就是为了让员工在工作方面能够发挥最大的潜力。

在员工的培养方面，麦肯锡采取的是“传、帮、带”的培养方式。每当咨询顾问做完一个项目以后，项目经理都要给出一些非常具体的以及可操作性很强的意见与建议，帮助员工不断发展。此外，每位员工在麦肯锡都会有一个导师，导师通常是一个项目的项目经理。而项目经理能否起到一个好的导师作用，也被列为绩效考核的一部分。

Note

Note

与此同时，每一级对下一级都有这样的责任。这就是说，麦肯锡的人才培养始终贯穿在麦肯锡公司发展的整个过程中。

2. 高度全球化的培养体系和手段。麦肯锡的每一位员工，无论身处哪一个级别，平均每年都至少会有两周的时间，接受在海外进行的脱产培训。麦肯锡的这种培训，既能培养员工的知识和技能，又能与海外分公司的其他同事共同建立用于全球联系的网络平台。这种全球一体化的方式，对拓展员工的国际化视野帮助极大。

3. 既兼容又包容，而且没有论资排辈的传统。麦肯锡的人才，由不同国家、不同领域的优秀成员组成，并且形成了一个高度团结的团队，因此能够发挥更强大的实力。尽管团队中的员工级别不同，可是在解决问题时，讨论问题、提出建议则是完全平等的。这是因为，麦肯锡为了更好地激发员工的灵感与创造力，也就更希望一些好点子来源于那些最普通的员工。

以上事例说明，麦肯锡虽然没有真正意义上的人力资源部，但却拥有全球公认的、最好的人才培养体系，这是由始终贯穿在整个公司中的文化、体制和机制决定的。

麦肯锡如何保留人才

麦肯锡能够成功，在于拥有一支具有优秀的咨询人才的队伍，并将其最大的价值成功地应用于提高客户的经营业绩上。那么，麦肯锡是如何保留人才的呢？

1. 为人才提供升迁的机会。在麦肯锡，每个员工都有很大上升空间，这既包括职位的升迁，又包括技能的提高空间。而员工提高了自身的技能，自然会促进职位的升迁。

麦肯锡公司对员工的晋升有非常严格的规定：刚刚入职的员工从分析员开始做起，经过大约2年时间的考核，合格之后即可升为高级咨询顾问；高级咨询顾问也要再经过2年时间的考核，优秀者可升至资深项目经理；而资深项目经理也是晋升为董事的前身，因为资深项目经理通过业绩审核后，即可升迁为董事，也就是成为麦肯锡的合伙人。也就是说，麦肯锡的员工平均经过2～3年就会出现升迁的机会。

2. 培养员工具有“高屋建瓴”的视野。麦肯锡作为一家经常为大型企业提供咨询的公司，其工作的特性就是经常会接触到企业高层，这样，他们可以站在跨职能、跨部门的角度看待问题，而且能不断地拓展自己的视野。虽然麦肯锡的员工工作非常辛苦，但这样的机会，对他们仍具有非常大的吸引力。

3. “UP OR OUT（不进则退）”，创造良好的公司内部氛围。虽然麦肯锡的内部团队精神非常强烈，但却不存在内部竞争的问题。这是由其“UP OR OUT（不进则退）”的传统做

Note

Note

法决定的。

既然不是内部竞争，那就是自己与自己的竞争。员工在两三年以后能否升迁的标准，不是员工与其他人进行比较，而是将员工目前的业绩与两三年前的业绩进行比较。但在比较之后，往往会有80%左右的员工，在“UP OR OUT（不进则退）”中离职。

麦肯锡公司每年的人员流动率高达25%～30%。但从麦肯锡公司离职，并不意味着“世界末日”的到来，很多人一旦离开麦肯锡，立刻就被猎头“挖”到了很多知名企业中；很多麦肯锡的董事（合伙人）在离职后会去一些大公司做CEO，一些优秀人员甚至自己做了老板。

麦肯锡在保留人才方面的核心，就是提升员工对企业的满意度与依赖感，包括职位升迁、开阔视野以及良好的氛围等。同时，麦肯锡也实现了合理的人才流动，也为员工制定了非常详细的职业规划，提供了健康发展的机会，并通过帮助员工实现自我价值赢得员工的青睐。